ICH & MEIN Häfft®

instagr.am/haefftofficial
www.häfft.de
facebook.de/haefft

Vorname ____________________

Nachname ____________________

Schule, Klasse ____________________

Straße ____________________

PLZ, Ort ____________________

Telefon ____________________

Handy ____________________

E-Mail ____________________

Social Media ____________________

Geburtstag ____________________

Augenfarbe ____________________

Größe ____________________

Für Notfälle ____________________

„Niemals war mehr Anfang als jetzt." - *Walt Whitman*

MIX
Papier | Fördert gute Waldnutzung
FSC® C100391
www.fsc.org

Klimaneutral
Druckprodukt
ClimatePartner.com/11087-2110-1001

Herausgeber: Häfft-Verlag GmbH, Barer Straße 70, 80799 München, www.haefft-verlag.de

Das Häfft-Team: Andy Reiter, Stefan Klingberg, Ana Braga, André Simon, Antje Gottsmann, Benjamin Neumüller, Büşra Gemici, Christian Geier, Claus Herwig, Daniel Schubert, Daniela Küfner, Denise Dillmann, Fang Ren, Florian Beierlein, Franziska Schlickenrieder, Hanan Hamade-Rios, Heike Fröhlich, Henriette Bobel, Hermann Hopf, Isabelle Curry, Jana Leopold, Jessica Hack, Jette Scheller, Julia Sandner, Kaffeevollautomat, Lara Kolf, Leslie Knieß, Marion Wagenlechner, Melanie Thunich, Mona Kashani-Far, Nadja Huster, Oksana Sperber, Shirin Günal, Simon Strazicky, Stefanie Krenn, Veronika Schneider, Werner Härtl, Yael Rabinovici

Außerdem haben am Häfft mitgewirkt: Andreas Schendel, München; tinte & gold, Schornsheim; Ute Löwenberg, Düsseldorf; Susann Harring, München; Wirth Lasse GbR, Marburg; Natalie Decker, Buchloe

DNR: 82520-6-2202

Meine Schule

„Meine Lebensaufgabe besteht nicht nur darin, zu überleben, sondern zu gedeihen; Und das mit etwas Leidenschaft, etwas Mitgefühl, etwas Humor und Stil."
- *Maya Angelou*

Mein Büffelbunker

Schulname	
Straße	
PLZ, Ort	
Telefon	
E-Mail	
Homepage	
Schülerzahl	
Schülerzeitung	

„Ja, guten Tag. Ihr Sohn sitzt hier und weint, weil ihm alles zu viel wird. Können Sie ihn bitte aus der Schule abholen?" - „Mein Sohn ist Lehrer!" - „Ja, genau. Er wartet dann im Sekretariat."

Offizielle

	Name	Sprechstunde
Schulleitung		
Stellv. Schulleitung		
Verbindungslehrer:in		
Klassenleitung		
Sekretariat		
Hausmeister:in		

„Unser Mathelehrer hat sich letztens geoutet." - „Als was? Apfel? Birne?"

Pros

	Name	Klasse	Telefon/E-Mail
Schülersprecher:in			
Schülersprecher:in			
Schülersprecher:in			
Klassensprecher:in			
Klassensprecher:in			
Kollegstufensprecher:in			

„Der Impulsvortrag zum Thema ‚Digitalisierung unserer Schule' muss leider ausfallen, da der Tageslichtp

Meine Lehrkräfte

„Es gibt keine schlechten Schüler, nur schlechte Lehrer.
Lehrer sagen, Schüler machen."
– *Mr. Miyagi (Karate Kid)*

Fächer	Name	Sprechstunde

Lehrer: „Ich diskutiere mit euch jetzt schon fünf Minuten, nur um euch zu sagen, dass ich nicht mit euch diskutiere."

Schülervertretung

„Eines der tiefen Geheimnisse des Lebens ist, dass alles, was das Tun wirklich wert ist, das ist, was wir für andere tun.“
– Lewis Carroll

SV-BILDUNGSWERK

Als Schülervertreter:in kannst du Schule mitgestalten: Veranstaltungen organisieren, in der Schulkonferenz mitentscheiden, Probleme ansprechen und lösen ... Wenn du Anregungen für deine Schülervertretung suchst, kannst du dich an deine Landesschülervertretung wenden. Unterstützung und kostenfreie Seminare bekommst du vom SV-Bildungswerk. **www.sv-bildungswerk.de**

KLIMAGERECHTIGKEIT

„Plant-for-the-Planet“ ist eine Initiative von jungen Menschen für junge Menschen, die für Klimagerechtigkeit kämpfen: Bäume pflanzen gegen den Klimawandel. Dabei geht es aber um viel mehr. Jugendliche packen gemeinsam globale Probleme an. Zeig auch du, wie du dir gemeinsam mit deinen Mitschüler:innen die Zukunft vorstellst! **www.plant-for-the-planet.org**

YOUTH BANK

Du willst was ändern, etwas auf die Beine stellen? Die Youth Banks helfen dir dabei – mit Know-how, Kontakten, Motivation und Geld. Die Youth Banks sind lokale Initiativen Jugendlicher, die Jugendprojekte fördern. Such dir eine Youth Bank in deiner Nähe und sprich die Verantwortlichen direkt an. Und wenn es noch keine Youth Bank in der Nähe gibt, kannst du eine gründen! **www.youthbank.de**

ZIVILCOURAGE ZEIGEN

Egal, ob es an deiner Schule Probleme mit Gewalt und Rassismus gibt oder nicht: Du kannst viel bewegen, indem du mit Lehrern:innen und Mitschüler:innen besprichst, wie ihr an eurer Schule miteinander umgehen wollt. Gewalt, Mobbing und Ausländerfeindlichkeit in den Anfängen bekämpfen! Das Netzwerk „Schule ohne Rassismus – Schule mit Courage“ hilft dir dabei! **www.schule-ohne-rassismus.org**

FÜR DIE GUTE SACHE ARBEITEN

Am Sozialen Tag tauschen Schüler:innen die Schulbank gegen einen Platz im Berufsleben und spenden ihren Lohn für Hilfsprojekte in Südosteuropa und Jordanien. Das Spannende ist, dass ihr die Möglichkeit habt, durch euer Engagement anderen zu helfen und gleichzeitig neue Erfahrungen zu sammeln. **www.sozialertag.de**

JUGENDBETEILIGUNG

Du möchtest dich außerschulisch engagieren und suchst Informationen? Die Servicestelle Jugendbeteiligung ist dein Ansprechpartner! Der aktuelle Newsletter informiert über finanzielle Fördermöglichkeiten, Weiterbildungsseminare und Beteiligungsangebote. Bei konkreten Fragen zu eurem Projekt hilft euch das Büro in Berlin auch persönlich gerne weiter. **www.jugendbeteiligung.info**

SV UNTERSTÜTZEN

Du hast Erfahrung als Klassen- oder Schülersprecher:in oder bist in der SV aktiv und möchtest dein Wissen an andere Schüler:innen weitergeben? Als SV-Berater:in sorgst du dafür, dass Schüler:innen mehr zu sagen haben! Dafür besuchst du andere Schulen und führst dort Seminare durch. Dabei kannst du selbst viele neue Erfahrungen sammeln. **www.sv-berater.net**

JUGENDPRESSE

Die Feder ist bekanntlich mächtiger als das Schwert. Wie du mit einer Schülerzeitung, einem Blog oder als Videoreporter:in an deiner Schule aktiv werden kannst, erfährst du bei der Jugendpresse. In den Landesverbänden kannst du dich mit anderen jungen Journalist:innen vernetzen und dich auf den zahlreichen Seminaren austauschen und weiterbilden. **www.jugendpresse.de**

AKTION TAGWERK

„Dein Tag für Afrika“ ist eine bundesweite Kampagne organisiert vom Verein Aktion Tagwerk. Die Idee: Schüler:innen gehen an einem Tag in die Arbeit anstatt zur Schule und spenden ihren Lohn für Bildungsprojekte in fünf afrikanischen Ländern. So helfen Schüler:innen in Deutschland Gleichaltrigen in Afrika. **www.aktion-tagwerk.de**

SCHÜLERVERTRETUNG

JUGENDPRESSE

Meine Klasse 22|23

„If you feel like a weirdo, it's okay because weirdos rule the world."
- *Aubrey Plaza*

Name	Tel./Handy	E-Mail	Geburtstag

Lehrer: „Denkt dran, es gibt keine dummen Fragen!" Ich: *hebt Hand* Lehrer: „Ich hab doch gesagt, es gibt keine dummen Fragen!" Ich: *senkt Hand*

Meine Noten

„Erfolgreiche Menschen sind alle Träumer. Ein Traum wird zur Idee und dann konkret. Alles beginnt mit einem Traum." - *Omar Sy*

Fach: Vorjahr:

H

J

Fach: Vorjahr:

H

J

Fach: Vorjahr:

H

J

Fach: Vorjahr:

H

J

Fach: Vorjahr:

H

J

Fach: Vorjahr:

H

J

„MIR GEFÄLLT DEIN TON NICHT!!!" - *Martina (34), Kunstlehrerin beim Töpfern im Werkunterricht*

Häfft.de

Mitarbeit **R**eferat **KU**rzarbeit **A**usfragen **T**est **K**lausur **S**chulaufgabe

Art | Datum | Note

H Halbjahr
J Jahr

Noten

„Versuch nicht so sehr, dich anzupassen, oder um jeden Preis anders zu sein.
Versuch einfach, du selbst zu sein."
- *Zendaya*

Fach: Vorjahr:

H

J

Fach: Vorjahr:

H

J

Fach: Vorjahr:

H

J

Fach: Vorjahr:

H

J

Fach: Vorjahr:

H

J

Fach: Vorjahr:

H

J

„Öffnen Sie nur Anhänge von Quellen, denen Sie vertrauen." *löscht Mail von der Schule* Schade.

Noten

„Wenn ich mich schlecht fühle, erinnere ich mich daran, dass meine Fehler mich perfekt machen, denn in Wahrheit gibt es keine Perfektion.“
– *Ava Max*

Fach: Vorjahr:

H

J

Fach: Vorjahr:

H

J

Fach: Vorjahr:

H

J

Fach: Vorjahr:

H

J

Fach: Vorjahr:

H

J

Fach: Vorjahr:

H

J

Meine Noten sagen: „Heirate jemanden mit viel Geld.“ Mein Aussehen sagt: „Lern weiter.“ 😒

Abfragen

„Wenn du die Art ändern willst, wie Menschen auf dich reagieren, ändere die Weise, wie du auf Menschen reagierst.“
– *Timothy Leary*

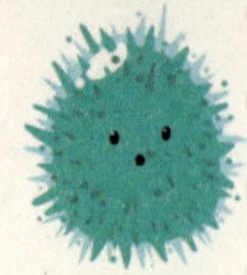

Fächer: Namen	1. HJ	2. HJ	1. HJ	2. HJ	1. HJ	2. HJ	1. HJ	2. HJ	1. HJ	2. HJ	1. HJ	2. HJ	1. HJ	2. HJ	1. HJ	2. HJ

Die Leute: „Hör auf deinen Bauch.“ Mein Bauch: „Brrrr brrrrrrr grrrr blubB.“ Ich: „Ok.“

Klausuren | Referate

„Wenn du es nicht gut machen kannst,
sorg wenigstens dafür, dass es gut ausssieht."
- Bill Gates

Datum & Fach	Thema/Stoff	Ø	Note

„Wer nichts nachahmen will, produziert nichts." - *Salvador Dalí*

Klausuren | Referate

„Wovor du die meiste Angst hast,
ist vielleicht genau das, was du tun solltest."
– *Chris Evans*

Datum & Fach	Thema/Stoff	Ø	Note

„Ich konnte keinen Coronatest machen, weil meine Nase seit einer Familienfeier im Juli 2014 im Besitz von Onkel Willi ist."

Fehlstunden

„Um unersetzbar zu sein,
muss man stets anders sein."
- *Coco Chanel*

Datum & Fach	Verpasster Stoff	Nachgetragen/Entschuldigt

Ich brauch morgens nur zwei Tage, um wach zu werden.

Wenn du mal gefehlt hast, gibt's hier die Möglichkeit, deinen verpassten Schulstoff aufzulisten und zu notieren, ob du die Hefteinträge bereits nachgeholt und gelernt hast.
Wenn die Sachen erledigt sind, kannst du ein Häkchen über dem Stiftsymbol am Ende der jeweiligen Zeile machen.

Lernplan

„Was du tust, macht einen Unterschied, und du musst entscheiden, welche Art von Unterschied du machen möchtest."
- *Jane Goodall*

Lernplan

Fach:

Datum:

Abschnitt	bis	erl.	Bew.

Tipps der Lehrkraft	erl.	Bew.

Lerngruppentreff, wann/wo	erl.	Bew.

Sonstiges

Am effektivsten ist das Lernen für einen Test, wenn du früh genug anfängst und in kleinen Portionen übst. Damit dir die Organisation leichter fällt, gibt's auf dieser Seite den ultimativen Lernplan! Am besten, du teilst den Schulstoff in kleine Lernabschnitte ein. Setz dir ein Datum, bis wann du welches Thema erledigt haben willst, und hake den geschafften Lernblock im erl.-Feld (für erledigt) ab. Das Bew.-Feld steht für deine eigene Bewertung, wie schwer dir der Stoff gefallen ist.

Lernplan

Fach:

Datum:

Abschnitt	bis	erl.	Bew.

Tipps der Lehrkraft	erl.	Bew.

Lerngruppentreff, wann/wo	erl.	Bew.

Sonstiges

Niemand: Leute mit Abi aus Bayern: „Meine Leistungskurse waren Atomphysik und lateinische Dichtung des 16. Jahrhunderts."

Lernplan

„Mut ist, was es braucht, um aufzustehen und zu sprechen;
Mut ist auch, was es braucht, um sich hinzusetzen und zuzuhören."
- *Winston Churchill*

Lernplan Fach: Datum:

Abschnitt | bis | erl. | Bew.

Tipps der Lehrkraft | erl. | Bew.

Lerngruppentreff, wann/wo | erl. | Bew.

Sonstiges

Lernplan Fach: Datum:

Abschnitt | bis | erl. | Bew.

Tipps der Lehrkraft | erl. | Bew.

Lerngruppentreff, wann/wo | erl. | Bew.

Sonstiges

Anstatt ‚To-do-Liste' hab ich ‚Nebenquests' auf den Zettel geschrieben für größeren Funfaktor und wow, das hat mal gar nicht gefunzt bis jetzt. 😒

Erdball

DIE BEVÖLKERUNGSREICHSTEN LÄNDER	Einwohner in Mio.
VR China	1.418
Indien	1.391
USA	331
Indonesien	272
Brasilien	213
Pakistan	212
Nigeria	211
Bangladesch	166
Russland	146
Mexiko	128
Japan	125
Philippinen	110
Ägypten	102
Äthiopien	99
Vietnam	98
DR Kongo	92
Iran	85
Türkei	85
Deutschland	83
Thailand	70
Vereinig. Königreich	68
Frankreich	65
Italien	60
Südafrika	59
Tansania	58
Myanmar	54
Kenia	53
Südkorea	51
Kolumbien	50
Spanien	47

Stand: 2022

DIE GRÖSSTEN LÄNDER	Fläche in Tsd. km²
Russland	17.098
Kanada	9.985
USA	9.834
VR China	9.597
Brasilien	8.516
Australien	7.741
Indien	3.287
Argentinien	2.780
Kasachstan	2.725
Algerien	2.382
Kongo	2.345
Grönland	2.166
Saudi-Arabien	2.150
Mexiko	1.964
Indonesien	1.905
Sudan	1.861
Libyen	1.760
Iran	1.648
Mongolei	1.564
Peru	1.285
Tschad	1.284
Niger	1.267
Angola	1.247
Mali	1.240
Südafrika	1.219
Kolumbien	1.139
Äthiopien	1.104
Bolivien	1.099
Mauretanien	1.031
Ägypten	1.001
Deutschland (z. Vergl.)	358

MEISTGESPROCHENE SPRACHEN DER WELT	Muttersprachler in Mio.
Chinesisch	921
Spanisch	463
Englisch	370
Hindi	342
Arabisch	313
Bengalisch	228
Portugiesisch	228
Russisch	154
Japanisch	126
Panjabi	115

Stand 2022

AD Andorra
AE Vereinigte Arabische Emirate
AF Afghanistan
AG Antigua und Barbuda
AI Anguilla
AL Albanien
AM Armenien
AO Angola
AQ Antarktis
AR Argentinien
AS Amerikanisch-Samoa
AT Österreich
AU Australien
AW Aruba
AZ Aserbaidschan
BA Bosnien und Herzegowina
BB Barbados
BD Bangladesch
BE Belgien
BF Burkina Faso
BG Bulgarien
BH Bahrain
BI Burundi
BJ Benin
BM Bermuda
BN Brunei Darussalam
BO Bolivien
BR Brasilien
BS Bahamas
BT Bhutan
BW Botswana
BY Belarus (Weißrussland)
BZ Belize
CA Kanada
CD Demokratische Republik Kongo
CF Zentralafrikanische Republik
CG Republik Kongo
CH Schweiz
CI Côte d'Ivoire (Elfenbeinküste)
CL Chile
CM Kamerun
CN Volksrepublik China
CO Kolumbien
CR Costa Rica
CU Kuba
CV Kap Verde
CX Weihnachtsinsel
CY Zypern
CZ Tschechische Republik
DE Deutschland
DJ Dschibuti
DK Dänemark
DM Dominica
DO Dominikanische Republik
DZ Algerien
EC Ecuador
EE Estland
EG Ägypten
EH Westsahara
ER Eritrea
ES Spanien
ET Äthiopien
FI Finnland
FJ Fidschi
FK Falklandinseln
FM Mikronesien
FR Frankreich
GA Gabun
GD Grenada
GE Georgien
GF Französisch-Guayana
GG Guernsey (Kanalinsel)
GH Ghana
GI Gibraltar
GL Grönland
GM Gambia
GN Guinea
GP Guadeloupe
GQ Äquatorialguinea
GR Griechenland
GT Guatemala
GW Guinea-Bissau
GY Guyana
HK Hongkong
HN Honduras
HR Kroatien
HT Haiti
HU Ungarn
ID Indonesien
IE Irland
IL Israel
IM Insel Man
IN Indien
IQ Irak
IR Islamische Republik Iran
IS Island
IT Italien
JE Jersey (Kanalinsel)
JM Jamaika
JO Jordanien
JP Japan
KE Kenia
KG Kirgisistan
KH Kambodscha
KI Kiribati
KM Komoren
KP Demokratische Volksrepublik Korea (Nordkorea)
KR Republik Korea (Südkorea)
KW Kuwait
KY Kaimaninseln

DIE 10 LÄNGSTEN FLÜSSE DER WELT	Länge in km
Nil	6.650
Amazonas	6.400
Jangtsekiang	6.380
Mississippi	6.051
Jenissei	5.540
Ob	5.410
Amur	5.052
Gelber Fluss	4.845
Kongo	4.835
Lena	4.692

DIE 10 LÄNGSTEN FLÜSSE EUROPAS	Länge in km
Wolga	3.530
Donau	2.845
Dnepr	2.285
Don	1.870
Petschora	1.802
Dnestr	1.352
Rhein	1.233
Elbe	1.094
Weichsel	1.047
Oder (mit Warthe)	1.045

DIE 10 HÖCHSTEN BERGE DER WELT	Höhe in m
Mount Everest	8.848
K2	8.611
Kangchendzönga	8.586
Lhotse	8.516
Makalu	8.485
Cho Oyu	8.188
Dhaulagiri	8.167
Manaslu	8.163
Nanga Parbat	8.125
Annapurna	8.091

DIE 10 HÖCHSTEN BERGE EUROPAS (ohne Kaukasus)	Höhe in m
Mont Blanc	4.810
Dufourspitze	4.634
Zumsteinspitze	4.563
Signalkuppe	4.559
Dom	4.545
Liskamm	4.527
Weisshorn	4.505
Täschhorn	4.491
Matterhorn	4.478
Picco Luigi Amedeo	4.469

Nordöstlich von Australien außerhalb der Seite: NR, KI, SB, TV, WS, VU, FJ, TO, NC

Die Zahlen in den weißen Kreisen zeigen, wie viele Stunden man zu der westeuropäischen Zeit (UTC) hinzurechnen oder davon abziehen muss, um die Ortszeit der jeweiligen Länder zu erhalten. Die grünen Linien sind dabei die Grenzen der verschiedenen Zeitzonen.

Früher standen auf Karten nice Sachen wie „Hier leben die Drachen." Jetzt steht da nur Unsinn wie „Portugal." ☹

KZ Kasachstan
LA Demokratische Volksrepublik Laos
LB Libanon
LC St. Lucia
LI Liechtenstein
LK Sri Lanka
LR Liberia
LS Lesotho
LT Litauen
LU Luxemburg
LV Lettland
LY Libyen
MA Marokko
MC Monaco
MD Moldawien
ME Montenegro
MG Madagaskar
MH Marshallinseln
MK Nordmazedonien
ML Mali
MM Myanmar
MN Mongolei
MO Macao
MP Nördliche Marianen
MQ Martinique
MR Mauretanien
MT Malta
MU Mauritius
MV Malediven
MW Malawi
MX Mexiko
MY Malaysia
MZ Mosambik
NA Namibia
NC Neukaledonien
NE Niger
NG Nigeria
NI Nicaragua
NL Niederlande
NO Norwegen
NP Nepal
NR Nauru
NZ Neuseeland
OM Oman
PA Panama
PE Peru
PG Papua-Neuguinea
PH Philippinen
PK Pakistan
PL Polen
PR Puerto Rico
PT Portugal
PY Paraguay
QA Katar
RE Réunion
RO Rumänien
RS Serbien
RU Russische Föderation
RW Ruanda
SA Saudi-Arabien
SB Salomonen
SC Seychellen
SD Sudan
SE Schweden
SG Singapur
SH St. Helena
SI Slowenien
SK Slowakei
SL Sierra Leone
SM San Marino
SN Senegal
SO Somalia
SR Suriname
SS Südsudan
ST São Tomé und Príncipe
SV El Salvador
SY Arabische Republik Syrien
SZ Swasiland
TC Turks- und Caicosinseln
TD Tschad
TG Togo
TH Thailand
TJ Tadschikistan
TL Osttimor (Timor-Leste)
TM Turkmenistan
TN Tunesien
TO Tonga
TR Türkei
TT Trinidad und Tobago
TV Tuvalu
TW Republik China (Taiwan)
TZ Vereinigte Republik Tansania
UA Ukraine
UG Uganda
UK Vereinigtes Königreich Großbritannien und Nordirland
US Vereinigte Staaten von Amerika
UY Uruguay
UZ Usbekistan
VA Vatikanstaat
VC St. Vincent und die Grenadinen
VE Venezuela
VN Vietnam
VU Vanuatu
WS Samoa
XK Kosovo
YE Jemen
YT Mayotte
ZA Südafrika
ZM Sambia
ZW Simbabwe

Die Abkürzungen auf der Karte sind meist die Internetendungen der entsprechenden Länder.

Europa

AD	Andorra (Andorra la Vella)	*€
AL	Albanien (Tirana)	Albanischer Lek
AT	Österreich (Wien)	€
BA	Bosnien & Herzegowina (Sarajevo)	Marka
BE	Belgien (Brüssel)	€
BG	Bulgarien (Sofia)	Lew
BY	Weißrussland (Minsk)	Weißruss. Rubel
CH	Schweiz (Bern)	Schweizer Franken
CY	Zypern (Nicosia)	€
CZ	Tschechien (Prag)	Tschech. Krone
DE	Deutschland (Berlin)	€
DK	Dänemark (Kopenhagen)	Dän. Krone
EE	Estland (Tallinn)	€
ES	Spanien (Madrid)	€
FI	Finnland (Helsinki)	€
FR	Frankreich (Paris)	€
GR	Griechenland (Athen)	€
HR	Kroatien (Zagreb)	Kuna
HU	Ungarn (Budapest)	Forint
IE	Irland (Dublin)	€
IS	Island (Reykjavík)	Isländische Krone
IT	Italien (Rom)	€
LI	Liechtenstein (Vaduz)	Schweizer Franken
LT	Litauen (Vilnius)	€
LU	Luxemburg (Luxemburg)	€
LV	Lettland (Riga)	€
MC	Monaco (Monaco)	*€
MD	Moldawien (Chişinău)	Moldauischer Leu
ME	Montenegro (Podgorica)	**€
MK	Nordmazedonien (Skopje)	Denar
MT	Malta (Valletta)	€
NL	Niederlande (Amsterdam)	€
NO	Norwegen (Oslo)	Norwegische Krone
PL	Polen (Warschau)	Złoty
PT	Portugal (Lissabon)	€
RO	Rumänien (Bukarest)	Rumänischer Leu
RS	Serbien (Belgrad)	Dinar
RU	Russland (Moskau)	Russischer Rubel
SE	Schweden (Stockholm)	Schwed. Krone
SI	Slowenien (Ljubljana)	€
SK	Slowakei (Bratislava)	€
SM	San Marino (San Marino)	*€
TR	Türkei (Ankara)	Türkische Lira
UA	Ukraine (Kiew)	Hrywnja
UK	Großbritannien (London)	Pfund Sterling
VA	Vatikanstaat (Vatikanstadt)	*€
XK	Kosovo (Priština)	**€

Die Abkürzungen vor den Ländern sind die entsprechenden Internetendungen. | €: Euroland | * Gehören nicht zur Eurozone, haben mit der EU ein Abkommen zur Prägung eigener Euromünzen. ** Passive Euronutzer ohne eigene Münzen. | Grün: EU-Mitglied | In Klammern steht die Hauptstadt, die auf der Karte auch markiert ist.

Deutschland

Bundesland		Fläche in km²	Einw. in 1.000	Einw. je km²
BW	Baden-Württemberg	35.751	11.100	310
BY	Bayern	70.550	13.124	185
BE	Berlin	892	3.669	4.088
BB	Brandenburg	29.654	2.521	85
HB	Bremen	419	681	1.629
HH	Hamburg	755	1.847	2.430
HE	Hessen	21.115	6.288	297
MV	Mecklenburg-Vorpommern	23.213	1.608	69
NI	Niedersachsen	47.616	7.993	168

Bundesland		Fläche in km²	Einw. in 1.000	Einw. je km²
NW	Nordrhein-Westfalen	34.113	17.947	526
RP	Rheinland-Pfalz	19.854	4.093	206
SL	Saarland	2.569	986	385
SN	Sachsen	18.450	4.071	221
ST	Sachsen-Anhalt	20.452	2.194	108
SH	Schleswig-Holstein	15.802	2.903	183
TH	Thüringen	16.202	2.133	133
Deutschland		**357.376**	**82.522**	**231**

DIE GRÖSSTEN STÄDTE	
Berlin	3,64 Mio.
Hamburg	1,84 Mio.
München	1,47 Mio.
Köln	1,09 Mio.
Frankfurt/M.	753 Tsd.
Stuttgart	635 Tsd.
Düsseldorf	619 Tsd.
Leipzig	588 Tsd.
Dortmund	587 Tsd.
Essen	583 Tsd.
Bremen	567 Tsd.
Dresden	556 Tsd.
Hannover	534 Tsd.
Nürnberg	516 Tsd.
Duisburg	496 Tsd.
Bochum	364 Tsd.
Wuppertal	355 Tsd.
Bielefeld	333 Tsd.
Bonn	330 Tsd.
Münster	315 Tsd.
Mannheim	310 Tsd.
Karlsruhe	308 Tsd.
Augsburg	296 Tsd.
Wiesbaden	279 Tsd.
M'gladbach	260 Tsd.
Gelsenkirchen	260 Tsd.
Braunschweig	249 Tsd.
Aachen	249 Tsd.
Kiel	247 Tsd.
Chemnitz	244 Tsd.

Stand: 2022

Der Weltraum ist unendlich groß. Das entspricht ungefähr der Größe von unendlich vielen Saarlanden.

Grammatik

„Unsere Redaktion empfiehlt, Emojis bei vollständigen Sätzen nach dem Satzzeichen zu platzieren." 🙃 🙂 😎
– *Dudenverlag*

S-Laute

normal: „s"

Aussprache: stimmhaft gesprochen, gesummt
Beispiele: Esel, sausen, reisen

doppelt: „ss"

Aussprache: scharf, stimmlos
Verwendung: nach kurzem Vokal
Beispiele: Flüsse, sie lässt, Nuss, Ereignisse

scharf: „ß"

Aussprache: scharf, stimmlos
Verwendung: nach langem Vokal, nach Doppelvokal
Beispiele: fließen, groß, Maß, heißen

aber: „s", obwohl stimmlos

Beispiele: Aas, aus, bis, das, es, du hast, er ist, Atlas, Ereignis, Gefängnis, Globus, Kürbis, Iltis

Kommaregeln

Aufzählungen
Brot, Schwein und Mouna hören Musik.

Einschübe, Zusätze, nachgeschobene Erklärungen
Mouna, die Freundin von Brot und Schwein, ist auch da.

Entgegenstellende Konjunktionen
Brot will Party machen, aber Schwein nicht.

Ausrufe, Anreden, Bejahung, Verneinung, Bekräftigung
Lass das Grunzen, du Schwein! Toll, mach das!

Angekündigte Wortgruppen
Schwein mal zu kraulen, daran dachte Brot selten.

Zwischen Hauptsätzen (außer, sie sind mit „und", „oder", „sowie" verbunden)
Brot will zur Feuerwehr, denn rote Autos sind toll.

Zwischen Hauptsatz und Gliedsatz
Schwein kauft ein Geschenk, weil Brot Geburtstag hat.

Zwischen wörtlicher Rede und Begleitsatz
„Hast du Zeit für mich?", fragt Brot schüchtern.

Bei indirekter Rede
Auf Brots Einladung antwortet Schwein, die Party würde ein Knaller.

„Sorry, das wird nix, wir passen von unseren Satzzeichen her einfach nicht zusammen." – „Du meinst, Sternzeichen." – „Nein."

Schreibweise

groß

Substantive
Beispiele: der Witz, die Lehrerin, der Kalender

Titel und Namen
Beispiele: Frankfurter Würstchen, der Westfälische Friede

Nomen in Tageszeiten
Beispiele: heute Abend, des Morgens

Superlative, die zu Nomen geworden sind (Frage mit „was")
Beispiel: Es fehlt am Nötigsten.

Als Substantive gebrauchte Pronomen
Beispiele: ein gewisser Jemand

Als Substantive gebrauchte Grundzahlen, wenn sie Ziffern bezeichnen
Beispiele: vier Einsen im Zeugnis haben, die verhängnisvolle Dreizehn

klein

Pronomen
Beispiele: jeder, manche, alle

Zahladjektive
Beispiele: viel, wenig, das andere

Superlative mit „am" (Frage mit „wie")
Beispiele: Brot ist am coolsten, Schwein singt am schönsten

Verbindungen aus Präposition und Adjektiv
Beispiele: schwarz auf weiß, von fern

Desubstantivierungen
Beispiele: teils ... teils, namens, trotz des Wetters, ein paar ...

Nomen zusammen mit „sein", „werden" und „bleiben"
Beispiele: mir wird angst, das ist mir recht

Jedes Mal, wenn ich ein Ausrufezeichen verwende, habe ich das Gefühl, meinen Satz aus einer T-Shirt-Kanone zu schießen.

Begriffe

Adjektiv: Eigenschaftswort z. B. lecker
Adverb: Umstandswort z. B. hier, bald, daher, gern
Akkusativ: 4. Fall – Hilfsfrage: wen oder was?
Attribut: Beifügung z. B. der schlaue Schüler mit dem Aufgabenheft
Dativ: 3. Fall – Hilfsfrage: wem oder was?
Deklination: Beugung von Nomen (Numerus, Kasus, Genus)
Demonstrativpronomen: hinweisendes Fürwort z. B. dieser, jener
Genitiv: 2. Fall – Hilfsfrage: wessen?
Genus: grammatisches Geschlecht (Femininum, Maskulinum, Neutrum)
Imperativ: Befehlsform z. B. Gib her!
Indefinitpronomen: unbestimmtes Fürwort z. B. man, jemand, etwas
Indikativ: Wirklichkeitsform (Gegenteil von Konjunktiv)
Infinitiv: Grundform des Verbs z. B. sehen
Interjektion: Ausrufewort, Empfindungswort z. B. Aua! Brr! Bäh!
Interrogativpronomen: Fragefürwort z. B. wer, was, welcher
Komparativ: Vergleichsstufe z. B. größer
Konjugation: Beugung von Verben (Tempus, Modus)
Konjunktion: Bindewort z. B. und, aber, oder
Konjunktiv: Möglichkeitsform z. B. ich wäre, ich hätte
Modus: Aussageweise des Verbs (Befehls-, Wirklichkeits-, Möglichkeitsform)
Nominativ: 1. Fall – Hilfsfrage: wer oder was?
Numerale: Zahlwort z. B. drei, mehrere, manche
Numerus: Anzahlform Singular (Einzahl), Plural (Mehrzahl)
Personalpronomen: persönliches Fürwort z. B. ich, du, uns
Possessivpronomen: besitzanzeigendes Fürwort z. B. meine, dein
Präposition: Verhältniswort z. B. auf, zwischen
Reflexivpronomen: rückbezügliches Fürwort z. B. mir, sich
Relativpronomen: bezügliches Fürwort z. B. der, welche
Substantiv: Hauptwort z. B. Brot, Schwein
Superlativ: Höchststufe z. B. am größten
Tempus: Zeitform des Verbs z. B. Präsens, Präteritum, Futur I
Verb: Tätigkeitswort z. B. schlafen, faulenzen

„Heute back ich, morgen brau ich, übermorgen hol ich der Königin ihr Kind." – *Rumpelstilzchen (ignoriert erfolgreich den Genitiv seit 1812)*

Geschichte

„Wir stellen die Normalität augenblicklich wieder her, sobald wir wissen, was eigentlich normal ist."
– Douglas Adams (Per Anhalter durch die Galaxis)

- **300.000 v. Chr.** · Erste Menschen (Homo sapiens)
- **40.000 v. Chr.** · Erste Höhlenmalereien
- **8500 – 5000 v. Chr.** · Jungsteinzeit, erste Siedlungen, Ackerbau
- **4000 v. Chr.** · Erfindung des Rades in Europa und Mesopotamien · Erfindung der Schrift · In Ägypten wird das erste Bier der Welt gebraut.
- **2700 v. Chr.** · Die Ägypter erfinden Papyrus und errichten die ersten Pyramiden und die Sphinx.
- **2620 – 2500 v. Chr.** · Die Pyramiden von Gizeh entstehen in Ägypten. Sie sind das älteste der sieben Weltwunder der Antike.
- **1900 v. Chr.** · Ägypten wird zur Großmacht am Nil.
- **1800 v. Chr.** · In Ägypten wird von den Semiten das Alphabet erfunden und in den nächsten tausend Jahren von Griechen und Römern weiterentwickelt.

1000 V. CHR.

- **1000 v. Chr.** · In Griechenland wird das Ruderschiff erfunden.
- **776 v. Chr.** · Erste Olympische Spiele der Antike
- **753 v. Chr.** · Gründung Roms auf den sieben Hügeln am Tiber
- **722 v. Chr.** · In China beginnt der Bau der Chinesischen Mauer. In den nächsten 2500 Jahren erweitern mehrere Dynastien die einzelnen Befestigungen auf 21.196 km Länge zur Chinesischen Mauer.
- **479 – 338 v. Chr.** · Blütezeit Athens unter Perikles
- **334 – 329 v. Chr.** · Der Makedonenkönig Alexander der Große erobert Persien, Mesopotamien, Syrien und Ägypten. Gründung Alexandrias
- **333 v. Chr.** · „333 - Issos Keilerei": Alexander der Große schlägt die Perser unter Dareios III. bei Issos.
- **ca. 300 v. Chr.** · Der griechische Mathematiker Euklid fasst die Grundprinzipien der Geometrie zusammen.
- **299 – 279 v. Chr.** · In Ägypten wird vor Alexandria der Leuchtturm auf der Insel Pharos gebaut. Mit 150 m Höhe galt er bis ins 20. Jahrhundert als höchster Turm der Welt.
- **270 v. Chr.** · Rom ist die erste Weltmacht der Antike.
- **264 – 241 v. Chr.** · Erster Punischer Krieg: Rom gegen Karthago
- **250 v. Chr.** · Der griechische Mathematiker Archimedes kann die Kreiszahl Pi mathematisch eingrenzen und erfindet den Flaschenzug.
- **218 – 202 v. Chr.** · Zweiter Punischer Krieg: Der karthagische Feldherr Hannibal überschreitet mit 50.000 Soldaten und 37 Kriegselefanten die Alpen und fügt Rom eine schwere Niederlage zu.
- **149 – 146 v. Chr.** · Dritter Punischer Krieg: Rom zerstört Karthago; endgültige Weltherrschaft des Römischen Reiches (Imperium Romanum)

100 V. CHR.

- **133 – 30 v. Chr.** · Bürgerkriege erschüttern die römische Republik.
- **44 v. Chr.** · Julius Cäsar wird von oppositionellen Senatoren im römischen Senat ermordet. Letztes Aufbäumen der alten römischen Republik gegen einen Alleinherrscher.
- **30 v. Chr.** · Rom erobert Ägypten. Die 3000 Jahre alte ägyptische Hochkultur ist Geschichte.
- **27 v. Chr.** · Augustus wird der erste römische Kaiser; Beginn der römischen Kaiserzeit, Ende der Republik.

JAHR NULL IN DER CHRISTLICHEN JAHRESZÄHLUNG

- **0** · Jesus von Nazareth wird in Bethlehem geboren.
- **9 n. Chr.** · Schlacht im Teutoburger Wald: Die Germanen unter Arminius schlagen die Legionen des römischen Feldherrn Varus vernichtend.
- **30 n. Chr.** · Jesus von Nazareth wird vom römischen Statthalter Pontius Pilatus zum Tode verurteilt und gekreuzigt.
- **43 n. Chr.** · Der römische Kaiser Claudius erobert Britannien.
- **64 n. Chr.** · Brand Roms: Das Feuer wütet neun Tage in der Stadt. Gerüchten zufolge ließ Kaiser Nero es legen, um Rom neu aufbauen zu können. Nero gibt den Christen die Schuld, lässt sie verfolgen und töten.

100 N. CHR.

- **105** · In China wird das erste Papier hergestellt.
- **122** · Baubeginn des Hadrianswalls in Britannien; der Wall wird 128 n. Chr. fertiggestellt.
- **3. – 6. Jh.** · Völkerwanderung
- **312** · Kaiser Konstantin siegt in der Schlacht an der Milvischen Brücke über seinen Rivalen Maxentius und verhilft dem Christentum zum Durchbruch im Römischen Reich.
- **330** · Das alte Byzanz wird unter seinem neuen Namen Konstantinopel Hauptstadt des Römischen Reiches.
- **375** · Das zentralasiatische Reitervolk der Hunnen fällt in Europa ein.
- **395** · Teilung des Römischen Reiches in eine westliche und eine östliche Hälfte mit jeweils eigenem Kaiser
- **434 – 453** · Der Hunnenkönig Attila (auch als Etzel bekannt) erobert halb Asien und halb Europa.
- **463 – 481** · Childerich I. wird der erste König der Franken.

500

- **610 – 622** · Mohammed offenbart sich 610 als Prophet Allahs. 622 wandert er von Mekka nach Medina und begründet den Islam (Beginn der islamischen Zeitrechnung).
- **711** · Die arabischen Mauren erobern Spanien. Die christliche Rückeroberung dauert über 781 Jahre – bis ins Jahr 1492.
- **732** · Der Frankenherrscher Karl Martell schlägt die Araber in Frankreich (Schlacht von Tours und Poitiers) und stoppt so die Verbreitung des Islams in Europa.
- **741** · Karl Martell teilt sein Reich unter seinen beiden Söhnen auf. Karlmann wird Hausmeier in Austrien, Thüringen und Alemannien und Pippin in Neustrien, Burgund und der Provence.
- **768 – 814** · Karl der Große wird erst zum Frankenkönig, später (im Jahr 800) zum römischen Kaiser gekrönt. Das Frankenreich gelangt unter ihm zu seiner größten Ausdehnung und Machtentfaltung.
- **843** · Aufteilung Frankens im „Vertrag von Verdun". Karl der Kahle, Lothar I. und Ludwig II. der Deutsche teilen das Reich in Westfranken, Mittelreich und Ostfranken (das spätere Deutschland) auf.
- **955** · Der ostfränkische König Otto I. der Große besiegt die Ungarn bei Augsburg.
- **962** · Otto I. der Große wird in Rom zum Kaiser gekrönt. · Das Heilige Römische Reich deutscher Nation entsteht und bleibt bis 1806 erhalten.

11. JH.

- **ca. 900 – 1000** · Wikinger entdecken und besiedeln Grönland. · Im Jahr 1000 segelt der Wikinger Leif Eriksson als erster Europäer nach Nordamerika, seine Entdeckung gerät aber schnell wieder in Vergessenheit.
- **1044** · Alchemisten erfinden in China das Schwarzpulver.
- **1066** · Der Normanne Wilhelm der Eroberer besiegt in der Schlacht von Hastings die Angelsachsen und wird König Englands.
- **1076 – 1077** · „Gang nach Canossa" – Der römisch-deutsche König Heinrich IV. leistet bei Papst Gregor VII. Abbitte im Streit um die Besetzung von Bischofsämtern.
- **1084** · Heinrich IV. wird römisch-deutscher Kaiser.
- **1096 – 1272** · Blütezeit der Ritter: In sieben Kreuzzügen ziehen über eine Million Kreuzritter nach Jerusalem.
- **1099** · Kreuzfahrer erobern Jerusalem.

12. – 14. JH.

- **1190 – 1210** · Das *Nibelungenlied* wird zum bedeutendsten Heldenepos des Mittelalters.
- **13. – 19. Jh.** · Die kirchliche Ketzer- und Hexenverfolgung fordert in Europa hunderttausende Opfer.
- **1299** · Sultan Osman I. gründet das Osmanische Reich (die heutige Türkei).
- **1337 – 1453** · Hundertjähriger Krieg – England gegen Frankreich
- **1346 – 1353** · Die Pest wütet in ganz Europa. In nur vier Jahren stirbt ein Viertel der Bevölkerung des Kontinents.

15. – 17. JH.

- **1429** · Die 17-jährige Jeanne d'Arc versetzt an der Spitze einer kleinen Einheit französischer Soldaten den Engländern bei Orléans eine schwere Niederlage und bringt so die Wende im Hundertjährigen Krieg.
- **1431** · Jeanne d'Arc wird von den Engländern wegen Ketzerei auf dem Scheiterhaufen verbrannt.
- **1450** · Johannes Gutenberg erfindet den modernen Buchdruck mit beweglichen Metalllettern.
- **1453** · Mehmed II. erobert Konstantinopel und macht es als Istanbul zur Hauptstadt der Osmanen; Ende des Oströmischen Reiches. · Die Franzosen erobern Bordeaux zurück. Ende des Hundertjährigen Krieges.
- **1500 – 1600** · Renaissance: Ideale Maße und mathematisch exakte Proportionen in Raumtiefe erzeugender Zentralperspektive sind Markenzeichen von Renaissancekünstlern wie da Vinci, Michelangelo, Raffael oder Dürer.
- **1492** · Der italienische Seefahrer Christoph Kolumbus sucht im Auftrag Spaniens einen Seeweg nach Indien und entdeckt dabei Amerika. · Martin Behaim aus Nürnberg baut den ersten Globus (noch ohne Amerika).
- **1497** · Der portugiesische Seefahrer Vasco da Gama erreicht als erster Europäer Indien über den Seeweg.
- **ca. 1503** · Der Italiener Leonardo da Vinci malt die *Mona Lisa*, das berühmteste Gemälde aller Zeiten.
- **1508 – 1512** · Michelangelo malt das berühmte Deckenfresko der Sixtinischen Kapelle in Rom.
- **1516 – 1529** · Die Türken erobern Syrien, Palästina und Ägypten. 1521 okkupieren sie Belgrad, 1529 belagern sie zum ersten Mal Wien.
- **1517** · Martin Luther formuliert seine 95 Thesen; Beginn der kirchlichen Reformation.
- **1519 – 1521** · Der Spanier Hernán Cortés erobert Mexico und vernichtet das Reich der Azteken.
- **1519 – 1522** · Der Portugiese Fernando Magellan wird beim Versuch, als erster Mensch die Welt zu umsegeln, auf halbem Weg von philippinischen Einheimischen getötet. Seine Mannschaft erreicht 1522 mit nur 18 Mann (von ursprünglich 242) wieder Spanien.
- **1534** · Der englische König Heinrich VIII. löst die englische Kirche von Rom und gründet die anglikanische Staatskirche, weil er sich scheiden lassen will.
- **1558** · Elisabeth I. beginnt ihre 45-jährige Herrschaft als Königin von England; erste Blütezeit des Empire.
- **1565** · Die Spanier gründen Saint Augustine, Florida; erste permanente europäische Siedlung in Nordamerika.
- **1588** · Die spanische Armada unterliegt den Engländern unter dem Kommando von Francis Drake.
- **1600 – 1760** · Barock: Die Vergänglichkeit der Dinge und die Scheinhaftigkeit der Welt sind Hauptthemen von Barockkünstlern wie Rubens, Velázquez oder Caravaggio.
- **1596** · Der Engländer John Harington erfindet die Toilette mit Wasserspülung.
- **1618 – 1648** · Der Prager Fenstersturz löst den Dreißigjährigen Krieg um die Vorherrschaft in Europa aus. Geschätzte Opferzahl: 3 – 4 Mio. Menschen.
- **1619** · Beginn der Sklaverei in Nordamerika: Erste afrikanische Sklaven werden nach Nordamerika entführt.
- **1626** · Der holländische Kaufmann Peter Minuit kauft für 60 Gulden die Insel Manhattan von den Indianern.
- **1643 – 1715** · Der Sonnenkönig Ludwig XIV. regiert in Frankreich; Bau des Schlosses von Versailles.
- **1654** · Die Franzosen Pierre de Fermat und Blaise Pascal beginnen die Wahrscheinlichkeitstheorie zu entwickeln.
- **1665 – 1666** · Die Pest tötet in London über 100.000 Einwohner.
- **1670** · Der französische Mönch Dom Pérignon erfindet den Champagner.
- **1679** · Gottfried Wilhelm von Leibniz baut eine Rechenmaschine auf Grundlage des Binärsystems.
- **1683** · Die Türken belagern zum zweiten Mal Wien.
- **1687** · Der englische Physiker Isaac Newton beschreibt zum ersten Mal die Schwerkraft. · Der Italiener Bartolomeo Cristofori baut das erste Klavier der Welt.
- **1698** · Zar Peter der Große leitet Reformen ein und macht so Russland zur europäischen Großmacht.
- **1699** · Der Friede von Karlowitz mit den Türken macht Österreich zur Großmacht.

18. JH.

- **1703 – 1710** · Der russische Zar Peter I. der Große siegt über Schweden und gründet St. Petersburg, das später zur Hauptstadt Russlands wird.
- **1740 – 1786** · Unter Friedrich II dem Großen (auch „Alter Fritz" genannt) wird Preußen zur europäischen Großmacht.
- **1756 – 1791** · Nach nur 35 Jahren Lebenszeit ist Wolfgang Amadeus Mozart einer der größten Komponisten aller Zeiten.
- **1769** · Der Schotte James Watt patentiert seine verbesserte Dampfmaschine.
- **1770** · Der Engländer James Cook landet als erster Europäer an der Ostküste Australiens. Ab 1788 wird Australien britische Strafkolonie.
- **1775 – 1783** · Die 13 nordamerikanischen Kolonien rebellieren unter der Führung George Washingtons gegen die britische Vorherrschaft.
- **1776** · 04.07. Die von Thomas Jefferson verfasste amerikanische Unabhängigkeitserklärung wird unterzeichnet.
- **1780 – 1830** · Die Romantik ist geprägt von fantasievollem Empfinden, individueller Darstellung und dem Bemühen um eine Betonung der emotionalen Seite. Hinwendung zum Mystischen und Nichtgeregelten. Bekannte Vertreter: Friedrich, Runge, Delacroix
- **1783** · Der Friede von Paris macht die USA von England unabhängig.
- **1789** · George Washington wird der erste Präsident der USA. · Die Französische Revolution beginnt, als das Volk von Paris das Stadtgefängnis Bastille stürmt.
- **1799** · Nach zehn Jahren Revolutionswirren reißt Napoleon Bonaparte die Macht in Frankreich an sich.

19. JH.

- **19. Jh.** · Höhepunkt des Kolonialismus: Großbritannien, Frankreich, Spanien, Portugal und Russland sowie neue, aufstrebende Mächte (die USA, das Deutsche Reich, Belgien, Italien, Japan) verfügen über Kolonien in der ganzen Welt.
- **1804** · Im Auftrag Napoleons, der für sein Heer länger haltbaren Proviant benötigt, erfindet der Pariser Konditor Nicolas Appert das Einwecken, das der Brite Peter Durand zur Konservendose weiterentwickelt.
- **1804** · Der Brite Richard Trevithick baut die erste auf Schienen fahrende und mit Dampf angetriebene Lokomotive.
- **1803 – 1815** · Napoleon schickt sich an, Europa zu beherrschen. Für das nötige Kleingeld in seiner Kriegskasse sorgt der Verkauf aller französischen Ländereien in Amerika (rund ein Viertel der heutigen USA) an US-Präsident Jefferson.
- **1808** · Johann Wolfgang von Goethes *Faust*, das meistzitierte Werk der deutschen Literatur, erscheint.

[Mitte des 13. Jahrhunderts] Ich: *Schiebt langsam eine Kanone in die Bank* „Hände hoch, das ist ein Überfall."

Geschichte

„Zu fällen einen schönen Baum braucht's eine halbe Stunde kaum.
Zu wachsen, bis man ihn bewundert, braucht er, bedenk es, ein Jahrhundert."
– *Eugen Roth (Der Baum)*

1810
- In München findet das erste Oktoberfest statt, erstmals ausgetragen zur Feier der Hochzeit von Kronprinz Ludwig mit Prinzessin Therese von Sachsen-Hildburghausen.

1812
- Napoleon marschiert mit fast 500.000 Soldaten in Russland ein und erleidet dort eine empfindliche Niederlage. Nur 18.000 Mann kehren lebend zurück.

1813
- 16.–19.10. Völkerschlacht bei Leipzig: Rund 360.000 Österreicher, Preußen, Russen und Schweden besiegen Napoleons kriegsmüde Truppen (190.000 Mann).

1815
- Napoleons finale Niederlage bei Waterloo führt zu seiner endgültigen Verbannung nach St. Helena.

1814/1815
- Wiener Kongress: Fürst Metternich & Co. verhandeln die Neuordnung Europas nach Napoleons Niederlage.

1815–1866
- Die „souveränen Fürsten und freien Städte Deutschlands" gründen den Deutschen Bund.

1817
- Karl Freiherr von Drais erfindet das Zweirad/Laufrad, weil durch die gestiegenen Haferpreise Pferdekutschen immer teurer werden.

1820
- Industrialisierung in Deutschland

1824
- Der inzwischen taube Ludwig van Beethoven führt seine 9. *Sinfonie* zum ersten Mal öffentlich auf.

1825
- Die erste Eisenbahnstrecke der Welt eröffnet in England zwischen Stockton und Darlington.

1835
- Erste kommerzielle Bahnfahrt Deutschlands von Nürnberg nach Fürth (6 km in 9 Min.).

1836
- Der erst 21-jährige Samuel Colt patentiert in den USA den ersten Revolver.

1837
- Queen Victoria wird mit 18 Jahren englische Königin. Das britische Empire ist auf dem Höhepunkt seiner Macht.

1839
- Der Engländer Charles Dickens schreibt *Oliver Twist* als Fortsetzungsroman in einer Zeitschrift. Seine teils drastische Schilderung von Kinderarbeit, Verbrechen und Verelendung zur Zeit der Frühindustrialisierung erregen gesellschaftliches Aufsehen.
- Erfindung des Fotoapparats durch Louis Daguerre

1840–1880
- Die Kunst des Realismus widmet sich der Alltäglichkeit und Sachlichkeit und ist dabei politisch motiviert. Bekannte Vertreter: Leibl, Courbet, Millet, Menzel

1848
- Deutsche Revolution: In der Frankfurter Paulskirche tritt die Deutsche Nationalversammlung zusammen. Die erste deutsche Demokratie scheitert nach knapp 13 Monaten.
- Karl Marx und Friedrich Engels veröffentlichen mit dem *Kommunistischen Manifest* die Grundlagen des Marxismus.
- Erste Goldfunde in Kalifornien, der große Goldrausch beginnt.

1852
- Der erste moderne öffentliche Waschraum mit Toiletten mit Wasserspülung eröffnet in London.

1854
- In den USA gründen Gegner der Sklaverei die Republikanische Partei.

1855
- Der Brite Henry Bessemer entwirft den Hochofen und ebnet so den Weg zur industriellen Stahlverarbeitung.

1859
- Der US-Amerikaner Edwin Laurentine Drake stößt in Pennsylvania auf die erste Ölquelle der USA.
- Der Engländer Charles Darwin formuliert in seinem Buch *Die Entstehung der Arten* die Evolutionstheorie.
- Der New Yorker Thomas Adams erfindet den Kaugummi.

1860
- In den USA wird der republikanische Kandidat und Sklavereigegner Abraham Lincoln zum Präsidenten gewählt.
- Erfindung des Viertaktmotors durch Christian Reithmann

1861
- Im Streit um die Abschaffung der Sklaverei in den USA spalten sich die 13 Südstaaten von der Union ab und lösen so den Amerikanischen Bürgerkrieg aus.

1862
- Bismarck wird preußischer Ministerpräsident.

1863
- Eröffnung der weltweit ersten U-Bahn in London

1864
- Krieg Deutschlands gegen Dänemark

1865
- Die Südstaaten verlieren den Bürgerkrieg in den USA und die Sklaverei wird mit dem 13. Verfassungszusatz abgeschafft.
- Präsident Lincoln stirbt nach einem Attentat.

1865–1877
- Rekonstruktionszeitalter in den USA.

1866
- Der Schwede Alfred Nobel erfindet das Dynamit.
- Auflösung des Deutschen Bundes

1869
- Julius Meyer und Dmitri Mendelejew entwickeln unabhängig voneinander das Periodensystem.
- In Bayern entsteht im Auftrag von König Ludwig II. das Märchenschloss Neuschwanstein.
- Fertigstellung der ersten transkontinentalen Eisenbahn in den USA.

1870–1900
- Die Künstler des Impressionismus setzen verschiedene Farben als Flecken aneinander, die bei entfernter Betrachtung zu einer neuen Farbe verschmelzen. Bekannte Vertreter: Monet, Manet, Renoir, Degas, Pissaro

1871
- Gründung des Deutschen Reiches. Nach dem Deutsch-Französischen Krieg von 1870/1871 ist Preußen so gestärkt, dass Bismarck endlich seinen Traum vom Deutschen Reich verwirklichen kann.

1872
- In San Francisco erfinden der Händler Levi Strauss und der Schneider Jacob Davis die Blue Jeans.

1876
- Graham Bell patentiert in den USA das erste Telefon.

1878–1890
- Das Sozialistengesetz verbietet sozialistische, sozialdemokratische, kommunistische Vereine, Versammlungen und Schriften im Deutschen Reich.

1879
- Thomas Alva Edison entwickelt in den USA die erste Glühbirne mit langer Lebensdauer und entdeckt den Gleichstrom

1883–1889
- Bismarck führt die Sozialgesetze (Krankenversicherung 1883, Unfallversicherung 1884, Alters- und Invaliditätsversicherung 1889) im Deutschen Reich ein.

1883
- Gottlieb Daimler erfindet den Viertaktmotor.

1885
- Der erste Wolkenkratzer der Welt entsteht in Chicago mit bescheidenen zehn Stockwerken.

1886
- Carl Benz baut das erste Automobil.

1887–1889
- In Paris wird der Eiffelturm errichtet. Der 324 m hohe Eisenturm ist das Wahrzeichen von Paris.

1888
- Nikola Tesla besitzt sieben Patente zur Nutzung von Wechselstrom.

1899
- Christine Hardt und Herminie Cadolle erfinden unabhängig voneinander den BH.

1893
- Neuseeland führt als erstes Land das Frauenwahlrecht ein. Es folgen Australien (1902), Finnland (1906) und Norwegen (1913), in Deutschland dauert es bis 1918, in den USA bis 1920.

1895
- Alois Wolfmüller aus Landsberg am Lech erfindet das Motorrad.

1894
- Radio und Film werden erfunden.

1895–1915
- Jugendstil (außerhalb Deutschlands „Art Nouveau") – zeichnet sich durch in Anlehnung an die Natur gestaltete dekorative, fließende Linien, florale Ornamente, geometrische Formen und die Verwendung von symbolischen Gestalten aus. Bekannte Vertreter: Mucha, Klimt, Gaudí

1896
- Erste Olympische Spiele der Neuzeit in Athen

1900
- 01.01. Das Bürgerliche Gesetzbuch (BGB) tritt im Deutschen Reich in Kraft.

20. JH.

1905–1925
- Die Künstler des Expressionismus wollen subjektive Gefühle und Emotionen ausdrücken. Bekannte Vertreter: Klee, Macke, Beckmann, Kirchner

1901
- *Buddenbrooks: Verfall einer Familie* von Thomas Mann zählt heute als der erste Gesellschaftsroman in deutscher Sprache von Weltgeltung. 1929 erhielt Thomas Mann dafür den Literaturnobelpreis.

1903
- Erster Flug der Gebrüder Wright mit einem motorisierten Flugzeug in den USA

1905
- Der deutsche Physiker Albert Einstein stellt die Relativitätstheorie auf: Energie ist gleich Masse mal Lichtgeschwindigkeit zum Quadrat.

1906–1914
- Im Kubismus dreht sich alles um die künstlerische Reduktion der Welt auf geometrische Figuren. Bekannte Vertreter: Picasso, Braque, Léger, Gris

1907
- Die deutsche Firma Henkel bewirbt Persil als das erste selbsttätige Waschmittel der Welt.

1912
- Die 269 m lange Titanic rammt auf ihrer Jungfernfahrt einen Eisberg. Das größte Passagierschiff der Welt sinkt und mehr als 1500 Menschen ertrinken.

1913
- Der amerikanische Autohersteller Henry Ford entwickelt die Fließbandproduktion.

1914
- 28.06. In Sarajevo fällt der österreichische Thronfolger Franz Ferdinand einem Attentat zum Opfer. Dies wird zum Auslöser des Ersten Weltkrieges.

1914–1918
- Erster Weltkrieg

1916–1925
- Im Dadaismus experimentieren Künstler wie Schwitters, Duchamp, Höch, Arp oder Heartfield mit dem Kunstbegriff, die Grenzen zwischen den Kunstgattungen zerfließen.

1917
- Oktoberrevolution in Russland: Lenin übernimmt die Macht. Zar Nikolaus II. und seine Familie werden 1918 ermordet; Ende der Zarenzeit in Russland.

1918
- Am 09.11. ruft Philipp Scheidemann kurz vor Karl Liebknecht in Berlin die erste deutsche parlamentarisch-demokratische Republik aus. Zwei Tage später endet der Erste Weltkrieg mit einem Waffenstillstand. Kaiser Wilhelm II. dankt ab; Ende der Monarchie in Deutschland.

1919
- Versailler Vertrag: Deutschland wird zu hohen Reparationszahlungen für den Ersten Weltkrieg verurteilt.
- Friedrich Ebert wird erster Reichspräsident eines demokratischen Deutschlands. Beginn der Weimarer Republik.
- Karl Liebknecht und Rosa Luxemburg werden ermordet.

1919–1933
- Die Künstler des Bauhaus wollen Kunst und Technik durch geradlinige Schnitte und klare Formen vereinen. Bekannte Vertreter: Gropius, van der Velde, Klee, Moholy-Nagy, Kandinsky, Breuer

1920
- In den USA tritt das Alkoholverbot in Kraft. Die Prohibitionsära wird zur ersten Blütezeit des organisierten Verbrechens in Nordamerika.

1923
- Deutsches Krisenjahr: Inflation, Ruhrbesetzung, gescheiterter Hitler-Putsch in München. Hitler kommt in Festungshaft in Landsberg.
- Nach dem griechisch-türkischen Krieg proklamiert Kemal Atatürk am 29.10.1923 die Türkei zur Republik.

1924–1929
- Goldene Zwanziger: Blütezeit der deutschen Kunst, Kultur und Wissenschaft. Wirtschaftsaufschwung.
- 1925: Der inhaftierte Adolf Hitler schreibt *Mein Kampf*.

1924–1945
- Surrealistische Künstler wie Bréton, Dalí, Magritte, de Chirico oder Miró lassen Traum und Wirklichkeit miteinander verschmelzen.

1927
- Charles Lindbergs Transatlantik-Flug
- Stalin wird Alleinherrscher in Russland.

1928
- Der schottische Bakteriologe Alexander Fleming entdeckt durch einen Zufall den Impfstoff Penicillin.
- Die erste Fernseh-Übertragung findet statt, für ganze drei Zuschauer.
- Walt Disneys Mickey Mouse feiert ihren ersten Auftritt.
- Sir Frank Whittle entwickelt den Düsenantrieb.

1929
- Am Schwarzen Freitag löst der Zusammenbruch der New Yorker Börse Wall Street eine Weltwirtschaftskrise aus.

1930
- In Uruguay findet vom 13.–30.07. die erste Fußballweltmeisterschaft statt. Im Endspiel besiegt der Gastgeber die Argentinier mit 4:2.

1930–1931
- In nur 410 Tagen wird in New York das Empire State Building errichtet. Mit einer Höhe von 381 m war es lange Zeit das höchste Gebäude der Welt.

1933
- 30.01. Hitlers Machtergreifung: Hitler wird nach der Reichstagswahl 1932 von Hindenburg zum Reichskanzler ernannt und löst sogleich den Reichstag auf. Beginn des Dritten Reiches.
- Reichstagsbrand, Ermächtigungsgesetz, Bücherverbrennung und Gleichschaltung der Medien in Deutschland
- In den USA wird das Alkoholverbot aufgehoben, um die Wirtschaft anzukurbeln.

1935
- In Deutschland wird die Wehrpflicht wieder eingeführt.

1936
- Olympische Sommerspiele in Berlin. Hitler will die Überlegenheit der arischen Rasse demonstrieren. Zum Ärger der Nazis wird der schwarze US-Leichtathlet Jesse Owens mit vier Goldmedaillen der erfolgreichste Athlet der Spiele.

1938
- 09.11. Reichspogromnacht im Dritten Reich: Jüdische Geschäfte, Wohnungen und Synagogen werden zerstört.

1939
- *Vom Winde verweht* wird ausgestrahlt und schon bald zum erfolgreichsten Film aller Zeiten.
- 01.09. Beginn des Zweiten Weltkrieges mit dem Einmarsch deutscher Truppen in Polen

1940
- Deutscher Sieg über Frankreich; das Land wird zur Hälfte besetzt. Luftschlacht um England; die deutsche Luftwaffe kann die Royal Air Force nicht besiegen.

1941
- Einmarsch der Deutschen in die Sowjetunion
- Im Dezember überfällt Japan ohne Kriegserklärung den amerikanischen Stützpunkt Pearl Harbor auf Hawaii. Die USA erklären daraufhin Japan und dem verbündeten Deutschland den Krieg.

1943
- Die in Stalingrad eingeschlossenen deutschen Streitkräfte kapitulieren am 02.02. Fast 100.000 deutsche Soldaten kommen in Gefangenschaft.
- *Der kleine Prinz* von Antoine de Saint-Exupéry erscheint.

1944
- 06.06. Am „D-Day" beginnt die Landung der Alliierten in der Normandie.
- 20.07. Graf Stauffenberg und andere Regimegegner versuchen Hitler durch ein Bombenattentat zu töten, um den Krieg zu beenden.

1945
- 27.01. Befreiung des KZ Ausschwitz
- 30.04. Hitler begeht im von der Roten Armee eingekesselten Berlin Selbstmord.
- 08.05. Bedingungslose Kapitulation Deutschlands
- Im August wirft die USA über den japanischen Städten Hiroshima und Nagasaki zwei Atombomben ab. Japan kapituliert bedingungslos am 02.09. Der Zweite Weltkrieg ist endgültig vorbei.
- Im Holocaust wurden ca. 6 Mio. Juden ermordet.

1945–1949
- Deutschland wird von den Siegermächten in vier Besatzungszonen (UdSSR/US/GB/F) aufgeteilt.

1945
- Gründung der Vereinten Nationen (UNO)

1946
- Erste UN-Vollversammlung

1947
- Beginn des Kalten Krieges

1948
- Die D-Mark wird eingeführt, trotz sowjetischer Warnung auch in Berlin. Es folgt die Blockade der Stadt und ihre Versorgung durch die Luftbrücke der West-Alliierten.
- Im April tritt der Marshallplan zur Wiederherstellung gesunder wirtschaftlicher Verhältnisse in Westdeutschland in Kraft.

1949
- Gründung der NATO
- Gründung der BRD
- Das Grundgesetz tritt in Kraft.
- Gründung der DDR

1951
- *Das andere Geschlecht* von Simone de Beauvoir, ein Schlüsselwerk des Feminismus, erscheint auf Deutsch.

Warum heißt es ‚Historiker' und nicht ‚Warsager'?

Mehr Geschichte

„Man kann nicht ändern, was passiert ist.
Aber man kann ändern, was passieren wird."
– Sebastian Vettel

1952
- Elisabeth II. wird mit 27 Jahren nach dem Tod von König George VI. zur Königin von England gekrönt.
- 25.12. Die ARD sendet zum ersten Mal in der BRD. Einen Tag später, pünktlich um 20 Uhr, flimmert die erste *Tagesschau* über die Bildschirme.

1953
- 17.06. Der Volksaufstand in der DDR gegen die Teilung und das sozialistische Regime wird in Ost-Berlin von der russischen Armee blutig niedergeschlagen.
- Der deutsche Unternehmer Adi Dassler bringt den Fußballschuh mit austauschbaren Schraubstollen zur Serienreife. Mit dem neuen Schuh des Adidas-Gründers im Gepäck fährt das deutsche Team zur WM 1954.

1954
- 04.07. Das „Wunder von Bern". Die BRD wird durch ein 3:2 über Ungarn erstmals Fußballweltmeister.
- *Der Herr der Ringe* von John Ronald Reuel Tolkien erscheint.

1955
- Heimkehr der letzten 10.000 deutschen Kriegsgefangenen aus Russland.

1955–1975
- Vietnamkrieg (mit US-Beteiligung)

1956
- Elvis Presley begeistert als „King of Rock 'n' Roll" das Publikum.
- 07.07. Einführung der Wehrpflicht in der BRD
- Im deutschen Fernsehen läuft zum ersten Mal ein Fernseh-Werbespot.

1957
- Gründung der EWG (Europäische Wirtschaftsgemeinschaft)
- Das Saarland kehrt nach Volksentscheid zur BRD zurück.
- 04.10. Start des ersten Satelliten: Die UdSSR schießt den „Sputnik 1" ins All und schockiert damit die USA und die westliche Welt.

1958
- Gesetz zur Gleichberechtigung von Mann und Frau in Deutschland.
- *Tennis for Two*, das erste Videospiel der Welt, wird in den USA programmiert und ist der Prototyp für Ataris *Pong*, welches ab 1972 populär wird.

1956–1970
- Pop-Art-Künstler wie Warhol, Lichtenstein, Rauschenberg und Johns machen Werbung zu Kunst.

1961
- John F. Kennedy wird Präsident der USA.
- 13.08. Beginn des Mauerbaus in Berlin. Die 43 km lange Mauer bleibt die kommenden 28 Jahre Sinnbild für die Teilung Deutschlands in zwei Staaten.
- Stan Lee und Jack Kirby erschaffen die *Fantastic Four* und legen so den Grundstein für das Marvel-Comic-Universum.

ab 1961
- Der Neoexpressionismus ist geprägt von starker Farbigkeit und impulsivem Malgestus. Bekannte Vertreter: Baselitz, Kiefer

1963
- 26.06. US-Präsident Kennedy kommt nach Berlin und sagt die berühmten Worte: „Ich bin ein Berliner".
- Kennedy fällt in Dallas einem Attentat zum Opfer.
- Martin Luther King Jr. hält seine *I Have a Dream*-Rede auf dem Höhepunkt der Bürgerrechtsbewegung.
- Die Firma Philips entwickelt den Kassettenrekorder.

1964
- Nelson Mandela wird in Südafrika zu lebenslanger Haft verurteilt.
- Der erste US-Fernsehauftritt der Beatles in der *Ed Sullivan Show* bricht mit 73 Mio. Zuschauern alle Rekorde.

1966
- *Star Trek* erobert zum ersten Mal unendliche Weiten.

1967
- Der Student Benno Ohnesorg wird bei einer Demonstration der Friedensbewegung in Berlin grundlos erschossen. Beginn der Studentenunruhen in der BRD.

1968
- In den USA wird der Bürgerrechtler Martin Luther King erschossen.
- In Deutschland löst das Attentat auf Studentenführer Rudi Dutschke schwere Unruhen aus.
- Der Prager Frühling endet jäh durch den Einmarsch von Truppen des Warschauer Paktes in die Tschechoslowakei.

1969
- Neil Armstrong ist der erste Mensch auf dem Mond.
- Richard Nixon wird Präsident der USA.
- Der öffentliche Widerstand gegen den Vietnamkrieg wächst; über 500.000 amerikanische Streitkräfte kämpfen zu diesem Zeitpunkt in Vietnam.
- Die amerikanische „Advanced Research Projects Agency" (ARPA) erfindet das Internet.
- Marcian Edward Hoff entwickelt den ersten Mikroprozessor.
- Woodstock: Das Musikfestival mit 400.000 Besuchern gilt als Höhe- und gleichzeitig Endpunkt der im Mainstream angekommenen Hippiebewegung in den USA.

1970
- Die RAF (Rote Armee Fraktion) beginnt ihren Guerillakrieg gegen den deutschen Staat. Die terroristische Vereinigung ist bis zu ihrer Selbstauflösung 1998 für 34 Morde verantwortlich.

1971
- 17.12. Unterzeichnung des Transitabkommens zwischen BRD und DDR

1972
- Die erste Generation der RAF wird gefasst und kommt in Stammheim ins Gefängnis.
- Palästinensische Terroristen nehmen während der Olympiade in München elf israelische Sportler als Geiseln. Keine der Geiseln überlebt.

1973
- 18.09. BRD und DDR werden in die UN aufgenommen.
- Großbritannien tritt der europäischen Gemeinschaft bei.
- Aufgrund der Ölkrise gibt es vier staatlich verordnete autofreie Sonntage in der BRD.

1974
- In den USA tritt Präsident Nixon nach dem Watergate-Abhörskandal von seinem Amt zurück.
- Deutschland wird Fußballweltmeister. Im Endspiel in München gewinnen die Deutschen 2:1 gegen Holland.

1977
- Der deutsche Herbst: Die RAF will mit der Entführung von Hanns Martin Schleyer ihre inhaftierten Genossen freipressen. Um den Druck zu erhöhen, entführen verbündete Palästinenser die „LH Landshut", die in Mogadischu von der GSG 9 gestürmt und befreit wird. Daraufhin begehen die RAF-Mitglieder Baader, Ensslin und Raspe Selbstmord in Stammheim, was die Ermordung Schleyers zur Folge hat.
- Mit dem Apple I erscheint der erste PC.
- *Star Wars* katapultiert das Kino in das Blockbusterzeitalter.

1979
- Margaret Thatcher wird Großbritanniens erste weibliche Premierministerin.
- Sowjetische Truppen marschieren in Afghanistan ein.
- NATO-Doppelbeschluss (atomare Mittelstreckenraketen in Europa)
- Die japanische Firma Sony vermarktet den ersten Walkman.

1980–1988
- Erster Golfkrieg zwischen Iran und Irak

1980
- Ex-Beatle John Lennon wird in New York erschossen.

1982
- 01.10. Helmut Kohl wird deutscher Bundeskanzler.
- Philips und Sony bringen die Compact Disc (CD) auf den Markt.
- Michael Jackson veröffentlicht mit *Thriller* das erfolgreichste Pop-Album aller Zeiten (rund 65 Mio. verkaufte Exemplare).

1982–1988
- Am deutschen Fraunhofer-Institut wird der MP3-Codec entwickelt.

1983
- Das erste kommerziell vertriebene Handy kommt auf den Markt – zum stolzen Preis von fast 4000 Dollar.

1984–1985
- Große Hungersnot in Äthiopien: Durch eine Dürrekatastrophe fällt fast die gesamte Ernte aus und führt zum Tod von schätzungsweise einer halben bis einer Million Menschen.

1985
- Boris Becker ist der erste deutsche und mit 17 der jüngste Wimbledon-Sieger aller Zeiten.
- Das erste Rock-am-Ring-Festival findet statt.
- *Das Parfum* von Patrick Süskind erscheint.

1986
- 28.01. Die US-Raumfähre „Challenger" explodiert nur wenige Sekunden nach dem Start.
- 26.04. Reaktorunglück in Tschernobyl, UdSSR; die UdSSR will den Zwischenfall zuerst vertuschen, was aufgrund der Schwere der Katastrophe scheitert.
- Gorbatschow wirbt für Glasnost (Offenheit) und Perestroika (Umbau) in der wirtschaftlich geschwächten Sowjetunion.

1987
- Der 18-jährige deutsche Mathias Rust landet eine Cessna auf dem Roten Platz in Moskau und geht dafür 14 Monate hinter Gitter.
- Der russische Generalsekretär Gorbatschow entlässt seinen Verteidigungsminister und etwa 300 Generäle.

1988
- Die Sowjetunion beginnt mit dem Abzug ihrer Truppen aus Afghanistan.

1989
- Die japanische Firma Nintendo bringt den Game Boy auf den Markt.
- Der Brite Sir Tim Berners-Lee entwickelt das uns heute bekannte World Wide Web.
- Gewaltsame Niederschlagung der Protestbewegung chinesischer Studenten auf dem "Platz des Himmlischen Friedens" in Peking
- 09.11. Fall der Berliner Mauer. Das Ende der DDR sowie des Kalten Kriegs steht kurz bevor.

1990
- Deutschland wird bei der Fußball-WM in Italien zum dritten Mal Fußballweltmeister.
- Erstes Wacken-Open-Air
- 03.10. Wiedervereinigung BRD/DDR
- Nelson Mandela wird nach 27 Jahren Haft entlassen. Ende der Apartheid in Südafrika.

1991
- Auflösung der Sowjetunion
- Die USA und ihre Verbündeten kämpfen im Golfkrieg nach der irakischen Invasion Kuwaits gegen den Irak.
- Die erste Webcam der Welt wird an der Universität Cambridge aufgestellt, um regelmäßig den Füllstand der Kaffeemaschine live mitverfolgen zu können.

1991–1999
- Zerfall Jugoslawiens; Jahrzehnt der Balkankriege

1993
- Der Maastrichter Vertrag tritt in Kraft (EU-Gründung).

1994
- Südafrika wählt Nelson Mandela zum ersten schwarzen Präsidenten des Landes.
- Michael Schumacher wird erstmals Formel-1-Weltmeister, sechs weitere Titel folgen.
- Grunge-Pionier Kurt Cobain stirbt durch Selbstmord.
- Jeff Bezos gründet seinen Onlinebuchhandel amazon.com.

1995
- Sony bringt die erste Playstation auf den Markt.
- Bosnienkrieg: Massaker von Srebrenica

1996
- Bergschaf „Dolly" wird zum ersten geklonten Säugetier.
- *A Game of Thrones* von US-Autor George R. R. Martin erscheint.

1997
- Lady Di stirbt bei einem Autounfall in einem Tunnel in Paris auf der Flucht vor Paparazzi.
- Erster *Harry-Potter*-Roman von Joanne K. Rowling erscheint.
- *Titanic* wird zum bis dato erfolgreichsten Film aller Zeiten.

1998
- Gerhard Schröder wird deutscher Bundeskanzler.

1999
- 24.03. NATO-Einsatz im Kosovokrieg; die NATO greift erstmals ohne UNO-Mandat in einen Konflikt ein.
- *Matrix* von den Wachowski-Geschwister definiert das Actionkino neu.

21. JH.

2001
- 9/11: Anschläge in New York und auf das Pentagon: Das World Trade Center wird durch die Einschläge zweier entführter Passagierflugzeuge zerstört.
- Filmtrilogie *Der Herr der Ringe* (2001–2003) setzt neue Maßstäbe des Films.

2002
- Einführung des Euro

2003
- Die USA und ihre Verbündeten ziehen erneut gegen den Irak in den Krieg. Die Kämpfe dauern bis 2011 an.

2004
- Zehn neue Mitglieder in der EU
- Gründung der Social-Media-Plattform Facebook
- Ein Erdbeben im Indischen Ozean löst einen Tsunami aus, dem ca. 230.000 Menschen zum Opfer fallen.

2005
- Angela Merkel wird die erste Bundeskanzlerin Deutschlands.
- YouTube geht online.
- Nach dem Tod von Johannes Paul II. wird mit Benedikt XVI. zum ersten Mal ein Deutscher Papst.
- Die im 2. Weltkrieg zerstörte Frauenkirche in Dresden ist wiederaufgebaut.

2006
- Fußball-WM in Deutschland

2007
- 09.01. Steve Jobs stellt das erste iPhone vor

2008
- Geplatzte amerikanische Immobilienkredite führen zur bisher größten Wirtschaftskrise des 21. Jahrhunderts.
- Barack Obama wird als erster Afro-Amerikaner Präsident der USA.

2009
- *Avatar* von Kinovisionär James Cameron erscheint.

2010
- Lena Meyer-Landrut gewinnt den Eurovision Song Contest.
- Arabischer Frühling: In Tunesien beginnend erschüttern Aufstände in Ägypten, Jemen, Libyen und Syrien die arabische Welt.

2011
- Nuklearkatastrophe in Fukushima, Japan
- Al-Qaida-Anführer Bin Laden wird in Pakistan von einer US-Spezialeinheit erschossen.
- Auf der norwegischen Insel Utøya richtet ein Rechtsterrorist in einem Jugendzeltlager ein Blutbad mit 69 Todesopfern an.
- Der Bürgerkrieg in Libyen endet mit dem Tod von Alleinherrscher Gaddafi.
- Beginn des immer noch andauernden Bürgerkrieges in Syrien

2013
- Edward Snowden löst mit seinen Berichten über illegale Methoden der US-Geheimdienste europaweite Empörung über den Abhörskandal aus.
- Der FC Bayern München gewinnt als erste deutsche Mannschaft das Triple aus Meisterschaft, Pokal & Champions League.

2014
- Widerstandskämpfer stürzen die ukrainische Regierung. Russland besetzt die Halbinsel Krim. Beginn der Ukrainekrise.
- Deutschland wird zum vierten Mal Fußballweltmeister.

2015
- Flüchtlingskrise in Europa
- Am 07.01. stürmen radikal-islamistische Fanatiker in Paris das Satiremagazin „Charlie Hebdo" und erschießen zwölf Personen.
- Am Abend des 13.11. ermorden acht IS-Terroristen an mehreren Plätzen in Paris über 130 unbewaffnete Passanten, Caféhaus-Gäste und Konzertbesucher im Club Bataclan.
- Frankreich und USA fliegen erste Vergeltungsschläge gegen den IS in Syrien.

2016
- Großbritannien stimmt am 24. Juni in einer Volksabstimmung mehrheitlich (51,9 %) gegen den Verbleib in der EU (BREXIT).
- 08.11. Donald Trump wird zum Präsidenten der USA gewählt.
- 19.12. Terroranschlag in Berlin

2017
- 19.03. Frank-Walter Steinmeier wird Bundespräsident der BRD.

2018
- Greta Thunberg demonstriert zum ersten Mal gegen den Klimawandel; Beginn der Fridays-for-Future-Bewegung.

2019
- *Avengers: Endgame* wird zum bislang erfolgreichsten Film aller Zeiten.
- In der chinesischen Stadt Wuhan wird ein neuartiges Corona-Virus entdeckt.

2020
- Die Corona-Pandemie erschüttert mit bislang unabsehbaren wirtschaftlichen und sozialen Folgen die gesamte Welt.

2021
- Donald Trump wird von dem Demokraten Joe Biden als Präsident der Vereinigten Staaten abgelöst.

2021
- Olaf Scholz (SPD) wird nach 16 Jahren Angela Merkel der neunte deutsche Bundeskanzler

Stallone: „Ich drehe eine Doku über Komponisten. Ich spiele Vivaldi." Schwarzenegger: „I bin da Mozart." Bruce Willis *atmet tief durch*

Englisch

„Some people want it to happen, some wish it would happen, others make it happen." – *Michael Jordan*

Auxiliary Verbs

INFINITIV	TO BE (SEIN)	TO HAVE (HABEN)	TO DO (TUN)
I	am	have	do
you	are	have	do
he, she, it	is	has	does
we	are	have	do
you	are	have	do
they	are	have	do
PARTIZIP I	being	having	doing

„Wie ist Ihr Englisch?" – „My Englisch is onewallfree." – „Wir melden uns."

Modal Auxiliaries

POSITIV	can	may	shall	will	must
VERNEINT	cannot (can't)	may not	shall not (shan't)	will not (won't)	must not (mustn't)
DEUTSCH	können	mögen, dürfen	sollen	wollen, werden	müssen, nicht dürfen

Diese Verben gibt es nur im Präsens und Imperfekt.

In allen anderen Zeiten und Formen werden sie wie folgt ersetzt:

MODALVERB	INFINITIV/PERFEKT	BEISPIEL
can / could	to be able to	She may be old, but she is still able to drive.
may / might	to be allowed to	I hope he'll be allowed to go to the cinema.
will / would	to want to	I have always wanted to travel to Britain.
must / must	to have to	You always have to wear a seatbelt.

Die Imperfektformen werden oft als Höflichkeitswendungen gebraucht:

Could you please give me ...?	Könnten Sie mir bitte ... geben?
Would you ..., please?	Würden Sie bitte ...?
Would you like ...?	Wollen / Möchten Sie ...?
I would like ...	Ich möchte gerne ...

Irregular Verbs

	INFINITIVE	SIMPLE PAST	PAST PARTICIPLE	DEUTSCH
A	arise	arose	arisen	entstehen
	awake	awoke	awaken	erwachen
B	be	was, were	been	sein
	bear	bore	borne	tragen
	beat	beat	beaten	schlagen
	become	became	become	werden
	begin	began	begun	anfangen
	bend	bent	bent	biegen, beugen
	bet	bet	bet	wetten
	bind	bound	bound	binden
	bite	bit	bitten	beißen
	bleed	bled	bled	bluten
	blow	blew	blown	blasen
	break	broke	broken	(zer)brechen
	breed	bred	bred	züchten, hervorrufen
	bring	brought	brought	bringen
	build	built	built	bauen
	burn	burnt	burnt	brennen
	burst	burst	burst	bersten, ausbrechen
	buy	bought	bought	kaufen
C	cast	cast	cast	arbeiten, auswerfen
	catch	caught	caught	fangen
	choose	chose	chosen	(aus)wählen
	cling	clung	clung	sich klammern an
	come	came	come	kommen
	cost	cost	cost	kosten
	creep	crept	crept	kriechen, schleichen
	cut	cut	cut	schneiden
D	deal	dealt	dealt	(be)handeln
	dig	dug	dug	graben
	do	did	done	tun
	draw	drew	drawn	zeichnen, ziehen
	dream	dreamt	dreamt	träumen
	drink	drank	drunk	trinken
	drive	drove	driven	fahren
E	eat	ate	eaten	essen
F	fall	fell	fallen	fallen
	feed	fed	fed	füttern
	feel	felt	felt	fühlen
	fight	fought	fought	kämpfen
	find	found	found	finden
	flee	fled	fled	fliehen
	fling	flung	flung	werfen, schleudern
	fly	flew	flown	fliegen
	forbid	forbade	forbidden	verbieten
	forget	forgot	forgotten	vergessen

Wie ich Englisch gelernt habe: 10 % durch die Schule, 30 % durch Musik, 60 % durch Serien.

Irregular Verbs

„You don't need an edit button,
you just need to forgive yourself" - *Twitter*

Irregular Verbs

	INFINITIVE	SIMPLE PAST	PAST PARTICIPLE	DEUTSCH
	forgive	forgave	forgiven	vergeben
	freeze	froze	frozen	frieren
G	get	got	got	bekommen, werden
	give	gave	given	geben
	go	went	gone	gehen
	grind	ground	ground	mahlen, knirschen
	grow	grew	grown	wachsen
H	hang	hung	hung	hängen
	have	had	had	haben
	hear	heard	heard	hören
	hide	hid	hidden	verstecken
	hit	hit	hit	treffen
	hold	held	held	halten
	hurt	hurt	hurt	verletzen
K	keep	kept	kept	behalten
	know	knew	known	kennen, wissen
L	lay	laid	laid	legen
	lead	led	led	führen
	leap	leapt	leapt	springen
	learn	learned/learnt	learned/learnt	lernen
	leave	left	left	verlassen
	lend	lent	lent	leihen
	let	let	let	lassen
	lie	lay	lain	liegen
	light	lit	lit	anzünden
	lose	lost	lost	verlieren
M	make	made	made	machen
	mean	meant	meant	meinen
	meet	met	met	treffen
P	pay	paid	paid	zahlen
	put	put	put	setzen, stellen, legen
R	read	read	read	lesen
	ride	rode	ridden	reiten
	ring	rang	rung	klingeln
	rise	rose	risen	sich erheben
	run	ran	run	rennen
S	say	said	said	sagen
	see	saw	seen	sehen
	seek	sought	sought	(auf-/ver)suchen
	sell	sold	sold	verkaufen
	send	sent	sent	schicken
	set	set	set	setzen
	sew	sewed	sewn	nähen
	shake	shook	shaken	schütteln
	shed	shed	shed	ausgießen, vergießen
	shine	shone	shone	scheinen

Irregular Verbs

	INFINITIVE	SIMPLE PAST	PAST PARTICIPLE	DEUTSCH
	shoot	shot	shot	schießen
	show	showed	shown	zeigen
	shrink	shrank	shrunk	schrumpfen, einlaufen
	shut	shut	shut	schließen
	sing	sang	sung	singen
	sink	sank	sunk	sinken
	sit	sat	sat	sitzen
	sleep	slept	slept	schlafen
	slide	slid	slid	gleiten (lassen)
	smell	smelt	smelt	riechen
	speak	spoke	spoken	sprechen
	spend	spent	spent	ausgeben
	spin	span	spun	spinnen, (sich) drehen
	spit	spat	spat	spucken
	split	split	split	trennen
	spread	spread	spread	ausbreiten
	spring	sprang	sprung	springen
	stand	stood	stood	stehen
	steal	stole	stolen	stehlen
	stick	stuck	stuck	stecken
	sting	stung	stung	stechen
	stink	stank	stunk	stinken
	strike	struck	struck/stricken	schlagen
	string	strung	strung	bespannen, aufziehen
	swear	swore	sworn	fluchen
	sweep	swept	swept	fegen
	swell	swelled	swollen	schwellen
	swim	swam	swum	schwimmen
	swing	swung	swung	schwingen
T	take	took	taken	nehmen
	teach	taught	taught	lehren
	tear	tore	torn	(zer)reißen
	tell	told	told	sagen
	think	thought	thought	denken
	throw	threw	thrown	werfen
	thrust	thrust	thrust	stoßen
	tread	trod	trod/trodden	treten, betreten
U	understand	understood	understood	verstehen
W	wake	woke	woken	aufwachen
	wear	wore	worn	tragen (Kleidung)
	weave	wove	woven	weben, flechten
	weep	wept	wept	weinen
	win	won	won	gewinnen
	wind	wound	wound	winden, wickeln
	wring	wrang	wrung	auswringen
	write	wrote	written	schreiben

Neo: „Am I crazy?" Therapist: „We don't use that word in here."

Französisch

„Ich habe alle Sprachen probiert, Französisch ist die beste."
- Der Merowinger (Matrix Reloaded)

pronoms personnels

verbundene Pronomen (mit Substantiv)				unverbundene	
Subjektpron.	dir. Objekt	indir. Objekt	reflexiv		reflexiv
je	me	me	me	moi	
tu	te	te	te	toi	
il/elle	le/la	lui	se	lui/elle	soi
nous	nous	nous	nous	nous	
vous	vous	vous	vous	vous	
ils/elles	les	leur	se	eux/elles	soi

Nach fünf Jahren Französisch ist das Einzige, was ich noch weiß, dass ich fünf Jahre Französisch hatte.

le pluriel

Bildung	Singular +	Beispiel
normalerweise	-s	l'enfant – les enfants (m+f)
Wörter auf -au/-eau	-aux/-eaux	le noyau - les noyaux le manteau - les manteaux
Wörter auf -al aber:	-aux -s	le journal - les journaux les bals / les festivals (m)
Wörter auf -eu aber:	-eux -s	le cheveu - les cheveux les pneus / les bleus (m)
Wörter auf -ail aber:	-aux -s	le travail - les travaux le vitrail - les vitraux le corail - les coraux les détails
Wörter auf -ou aber:	-oux -s	le genou - les genoux le bijou - les bijoux le caillou - les cailloux les clous / les fous (m)

la comparaison

Komparativ		Superlativ
... der Gleichheit		
aussi + Adjektiv + que		
aussi + Adverb + que		
autant de + Substantiv + que		
... der Überlegenheit		
plus + Adjektiv + que		le plus + Adjektiv
plus + Adverb + que		le plus + Adverb
plus de + Substantiv + que		le plus de + Substantiv
... der Unterlegenheit		
moins + Adjektiv + que		le moins + Adjektiv
moins + Adverb + que		le moins + Adverb
moins de + Substantiv + que		le moins de + Substantiv
Unregelmäßige Formen		
Komparativform + que		
bon	meilleur(e/s) (besser)	le/la/les meilleur(e/s)
mauvais	pire (schlimmer) plus mauvais	le/la pire plus mauvais(e/s)
bien	mieux (besser)	le mieux

verbes irréguliers

Infinitiv	Präsens 1. Pers. Pl.	Participe passé	Futur simple 1. Pers. Sg.	Deutsch
acquérir	nous acquérons	acquis, -e	j'acquerrai	erwerben
aller	nous allons	allé, -e	j'irai	gehen
atteindre	nous atteignons	atteint, -e	j'atteindrai	erreichen
avoir	nous avons	eu, -e	j'aurai	haben
battre	nous battons	battu, -e	je battrai	schlagen
boire	nous buvons	bu, -e	je boirai	trinken
conduire	nous conduisons	conduit, -e	je conduirai	fahren
connaître	nous connaissons	connu, -e	je connaîtrai	kennen
courir	nous courons	couru, -e	je courrai	laufen
craindre	nous craignons	craint, -e	je craindrai	fürchten
croire	nous croyons	cru, -e	je croirai	glauben
cueillir	nous cueillons	cueilli, -e	je cueillerai	pflücken
devoir	nous devons	dû, due	je devrai	müssen
dire	nous disons	dit, -e	je dirai	sagen
dormir	nous dormons	dormi, -e	je dormirai	schlafen
écrire	nous écrivons	écrit, -e	j'écrirai	schreiben
envoyer	nous envoyons	envoyé, -e	j'enverrai	schicken
être	nous sommes	été	je serai	sein
faire	nous faisons	fait, -e	je ferai	machen
falloir	il faut	il a fallu	il faudra	nötig sein
fuir	nous fuyons	fui, -e	je fuirai	fliehen
haïr	nous haïssons	haï, -e	je haïrai	hassen
jeter	nous jetons	jeté, -e	je jetterai	werfen
lire	nous lisons	lu, -e	je lirai	lesen
mener	nous menons	mené, -e	je mènerai	führen
mettre	nous mettons	mis, -e	je mettrai	setzen, stellen, legen
mourir	nous mourons	mort, -e	je mourrai	sterben
naître	nous naissons	né, -e	je naîtrai	geboren werden
ouvrir	nous ouvrons	ouvert, -e	j'ouvrirai	öffnen
plaire	nous plaisons	plu, -e	je plairai	gefallen
pleuvoir	il pleut	il a plu	il pleuvra	regnen
pouvoir	nous pouvons	pu, -e	je pourrai	können
prendre	nous prenons	pris, -e	je prendrai	nehmen
recevoir	nous recevons	reçu, -e	je recevrai	empfangen
rire	nous rions	ri, -e	je rirai	lachen
savoir	nous savons	su, -e	je saurai	wissen, können
suivre	nous suivons	suivi, -e	je suivrai	folgen
tenir	nous tenons	tenu, -e	je tiendrai	halten
vaincre	nous vainquons	vaincu, -e	je vaincrai	besiegen
valoir	nous valons	valu, -e	je vaudrai	wert sein
venir	nous venons	venu, -e	je viendrai	kommen
vivre	nous vivons	vécu, -e	je vivrai	leben
voir	nous voyons	vu, -e	je verrai	sehen
vouloir	nous voulons	voulu, -e	je voudrai	wollen

„Wie viele Sprachen sprichst du?" - „Sechs." - „Sag mal was auf Italienisch!" - „Bonjour!" - „Das doch Französisch?" - „Dann sieben."

Latein

„Bonus vir semper tiro."
(Ein guter Mensch bleibt immer Anfänger.)
– Martial

Indikativ										Konjunktiv									
aktiv					passiv					aktiv					passiv				
A	E	I	K	G	A	E	I	K	G	A	E	I	K	G	A	E	I	K	G

Präsens

Indikativ Präsens aktiv
z. B. amo – ich liebe

ama-	mone-	audi-	leg-	cap-i-
am-o	-o	-o	-o	-o
-s				
-t				
-mus				
-tis				
-nt			-u-nt	

Indikativ Präsens passiv
z. B. amor – ich werde geliebt

ama-	mone-	audi-	leg-	cap-
amor	-or			-i-or
-ris			-e-ris	
-tur			-i-tur	
-mur			-i-mur	
-mini			-i-mini	
-ntur		-u-ntur		-i-u-ntur

Konjunktiv Präsens aktiv
z. B. amem – ich möge lieben

ame-	mone-	audi-	leg-	cap-i-
-m	-a-m			
-s	-a-s			
-t	-a-t			
-mus	-a-mus			
-tis	-a-tis			
-nt	-a-nt			

Konjunktiv Präsens passiv
z. B. amer – ich möge geliebt werden

ame-	mone-	audi-	leg-	cap-i-
-r	-a-r			
-ris	-a-ris			
-tur	-a-tur			
-mur	-a-mur			
-mini	-a-mini			
-ntur	-a-ntur			

Imperfekt

Indikativ Imperfekt aktiv
z. B. amabam – ich liebte

ama-	mone-	audi-	leg-	cap-i-
-ba-m		-eba-m		
-ba-s		-eba-s		
-ba-t		-eba-t		
-ba-mus		-eba-mus		
-ba-tis		-eba-tis		
-ba-nt		-eba-nt		

Indikativ Imperfekt passiv
z. B. amabar – ich wurde geliebt

ama-	mone-	audi-	leg-	cap-i
-ba-r		-eba-r		
-ba-ris		-eba-ris		
-ba-tur		-eba-tur		
-ba-mur		-eba-mur		
-ba-mini		-eba-mini		
-ba-ntur		-eba-ntur		

Konjunktiv Imperfekt aktiv
z. B. amarem – ich würde lieben

ama-	mone-	audi-	leg-	cap-
-re-m			-ere-m	
-re-s			-ere-s	
-re-t			-ere-t	
-re-mus			-ere-mus	
-re-tis			-ere-tis	
-re-nt			-ere-nt	

Konjunktiv Imperfekt passiv
z. B. amarer – ich würde geliebt werden

ama-	mone-	audi-	leg-	cap-
-re-r			-ere-r	
-re-ris			-ere-ris	
-re-tur			-ere-tur	
-re-mur			-ere-mur	
-re-mini			-ere-mini	
-re-ntur			-ere-ntur	

Perfekt

Indikativ Perfekt aktiv
z. B. amavi – ich habe geliebt

amav-	monu-	audiv-	leg-	cep-
-i				
-isti				
-it				
-imus				
-istis				
-erunt				

Indikativ Perfekt passiv*
z. B. amatus sum – ich bin geliebt worden

amatus	monitus	auditus	lectus	captus
sum				
es				
est				
-i sumus (z. B. amati sumus)				
-i estis				
-i sunt				

Konjunktiv Perfekt aktiv
z. B. amaverim – ich möge geliebt haben

amav-	monu-	audiv-	leg-	cep-
-erim				
-eris				
-erit				
-erimus				
-istis				
-erint				

Konjunktiv Perfekt passiv*
amatus sim – ich möge geliebt worden sein

amatus	monitus	auditus	lectus	captus
sim				
sis				
sit				
-i simus (z. B. amati simus)				
-i sitis				
-i sint				

Plusquamperfekt

Indikativ Plusquamperfekt aktiv
z. B. amaveram – ich hatte geliebt

amav-	monu-	audiv-	leg-	cep-
-eram				
-eras				
-erat				
-eramus				
-eratis				
-erant				

Indikativ Plusquamperfekt passiv*
z. B. amatus eram – ich war geliebt worden

amatus	monitus	auditus	lectus	captus
eram				
eras				
erat				
-i eramus (z. B. amati eramus)				
-i eratis				
-i erant				

Konjunktiv Plusquamperfekt aktiv
z. B. amavissem – ich hätte geliebt

amav-	monu-	audiv-	leg-	cep-
-isse-m				
-isse-s				
-isse-t				
-isse-mus				
-isse-tis				
-isse-nt				

Konjunktiv Plusquamperfekt passiv*
amatus essem – ich wäre geliebt worden

amatus	monitus	auditus	lectus	captus
essem				
esses				
esset				
-i essemus (z. B. amati essemus)				
-i essetis				
-i essent				

Futur I

Indikativ Futur I aktiv
z. B. amabo – ich werde lieben

ama-	mone-	audi-	leg-	cap-i-
-b-o		-a-m		
-bi-s		-e-s		
-bi-t		-e-t		
-bi-mus		-e-mus		
-bi-tis		-e-tis		
-bu-nt		-e-nt		

Indikativ Futur I passiv
z. B. amabor – ich werde geliebt werden

ama-	mone-	audi-	leg-	cap-i-
-b-or		-a-r		
-be-ris		-e-ris		
-bi-tur		-e-tur		
-bi-mur		-e-mur		
-bi-mini		-e-mini		
-bu-ntur		-e-ntur		

Futur II

Indikativ Futur II aktiv
z. B. amavero – ich werde geliebt haben

amav-	monu-	audiv-	leg-	cep-
-ero				
-eris				
-erit				
-erimus				
-eritis				
-erint				

Indikativ Futur II passiv*
amatus ero – ich werde geliebt worden sein

amatus	monitus	auditus	lectus	captus
ero				
eris				
erit				
-i erimus (z. B. amati erimus)				
-i eritis				
-i erunt				

Konjugation
Die Verben im Lateinischen werden in fünf große Gruppen unterteilt:
A-Konjug. (A) z. B. amare
E-Konjug. (E) z. B. monere
I-Konjug. (I) z. B. audire
Konsonantische Konjug. (K) z. B. legere
Gemischte Konjug. (G) z. B. capere

Imperativ
z. B. audi! – höre!

A	ama!	amate!
E	mone!	monite!
I	audi!	audite!
K	lege!	legite!
G	cape!	capite!

Verbforschung
Verben kannst du am einfachsten übersetzen, wenn du sie erst systematisch auf die folgenden Eigenschaften untersuchst:

Numerus:	Singular oder Plural?
	Welche Person?
Tempus:	Welche Zeit?
Genus:	Aktiv oder Passiv?
Modus:	Indikativ, Konjunktiv oder Imperativ?

[Vorstellungsgespräch] „Großes oder kleines Latinum?" – „Würde kleines nehmen mit mittlerer Coke und Fritten."

* Nur die maskuline Form ist angegeben.

Mathe

„Naturwissenschaften sind doch kein Freak-Wissen, mit dem sich weltfremde Genies im Labor oder zwischen Bücherregalen beschäftigen, sondern Lebenswissen."
– Mai Thi Nguyen-Kim

Analysis

Lineare Gleichungssysteme

Zwei Gleichungen mit jeweils zwei Variablen x und y.

$$\left.\begin{array}{ll} a_1x + b_1y = c_1 & \text{(I)} \\ a_2x + b_2y = c_2 & \text{(II)} \end{array}\right\} \text{allgemeine Form}$$

1. Einsetzungsverfahren:
a) Eine Gleichung nach einer Variablen auflösen
b) Lösungsterm in die zweite Gleichung einsetzen

2. Gleichsetzungsverfahren:
a) Beide Gleichungen nach gleichen Variablen auflösen
b) Beide Terme gleichsetzen

3. Additionsverfahren:
Beide Gleichungen so umformen, dass durch Addition oder durch Subtraktion eine Variable herausfällt

Schlussendlich: Eine Gleichung enthält lediglich eine Variable, die mithilfe von Auflösen berechnet werden kann. Den Wert der berechneten Variablen in eine der beiden Gleichungen einsetzen und die zweite Variable ausrechnen.

Oder 4. Grafische Lösung:
a) Beide Gleichungen nach y auflösen
b) Beide Geraden zeichnen (Funktionsgleichung: $y = mx + b$)
c) Lösungsmenge: Die Koordinaten des Schnittpunkts $S(x_s \mid y_s)$

Es ist auch möglich, dass es keine Lösung gibt (die Geraden sind echt parallel) oder unendlich viele Lösungen (Geraden sind identisch).

Quadratische Funktion

1. Allgemeine Form:
$f(x) = ax^2 + bx + c$

2. Scheitelform:
$f(x) = a(x - d)^2 + e$

Scheitelpunkt: $S(d \mid e)$
d = Verschiebung auf der x-Achse
e = Verschiebung auf der y-Achse

Parabel

Die quadratische Gleichung $ax^2 + bx + c = 0$ hat ...

keine reelle Nullstelle, falls $b^2 - 4ac < 0$

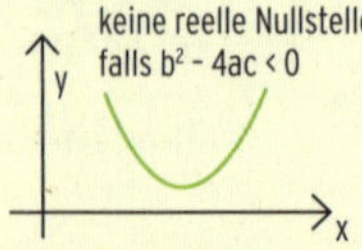

eine doppelte Nullstelle, falls $b^2 - 4ac = 0$

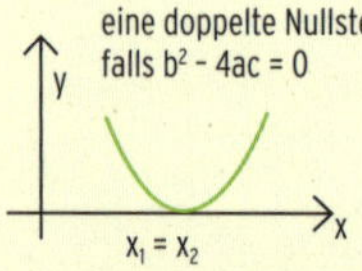

zwei einfache Nullstellen, falls $b^2 - 4ac > 0$

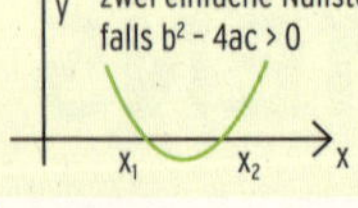

Die „Mitternachtsformel" liefert die Nullstellen:

$$x_{1/2} = \frac{-b \pm \sqrt{b^2 - 4ac}}{2a}$$

Algebra

Bruchrechnung

1. Multiplikation:

$$\frac{a}{b} \cdot \frac{c}{d} = \frac{a \cdot c}{b \cdot d}$$

2. Division:

$$\frac{a}{b} : \frac{c}{d} = \frac{a \cdot d}{b \cdot c}$$

3. Addition und Subtraktion von Brüchen mit gleichem Nenner:

$$\frac{a}{b} \pm \frac{c}{b} = \frac{a \pm c}{b}$$

4. Addition und Subtraktion von Brüchen mit ungleichem Nenner:

$$\frac{a}{c} \pm \frac{b}{d} = \frac{a \cdot d}{c \cdot d} \pm \frac{b \cdot c}{d \cdot c} = \frac{a \cdot d \pm b \cdot c}{c \cdot d}$$

Dreisatz

Maik kauft für sich und zwei Mitschüler insgesamt drei Döner für 11,70 Euro. Am nächsten Tag bitten ihn auch Lea und Lukas, jeweils einen für sie zu kaufen. Wie viel Geld muss er diesmal mitnehmen?

3 Döner = 11,70 Euro
: 3 ↓ : 3
1 Döner = 3,90 Euro
• 5 ↓ • 5
5 Döner = 19,50 Euro

Potenzen

$a^n = \underbrace{a \cdot a \cdot a \cdot \ldots \cdot a}_{\text{n-Faktoren von a}}$ a = Basis, n = Exponent

Spezielle Potenzen

$a^1 = a$

$a^0 = 1$

$a^{-n} = \frac{1}{a^n}$

Potenzgesetze

1. Gleiche Basis: $a^n \cdot a^m = a^{n+m}$

2. Gleicher Exponent: $a^n \cdot b^n = (a \cdot b)^n$

3. Potenzieren: $(a^n)^m = a^{n \cdot m}$

Binome

1. $(a + b)^2 = a^2 + 2ab + b^2$

2. $(a - b)^2 = a^2 - 2ab + b^2$

3. $(a + b) \cdot (a - b) = a^2 - b^2$

4. $(a + b + c)^2 = a^2 + b^2 + c^2 + 2ab + 2ac + 2bc$

Mathematik

„Deutsch und Mathe haben mir gut gefallen; bis zur sechsten Klasse.“
- Jérôme Boateng

Geometrie

Pythagoras

Im rechtwinkligen Dreieck entspricht die Summe der Kathetenquadrate dem Hypotenusenquadrat, in Zeichen: $a^2 + b^2 = c^2$

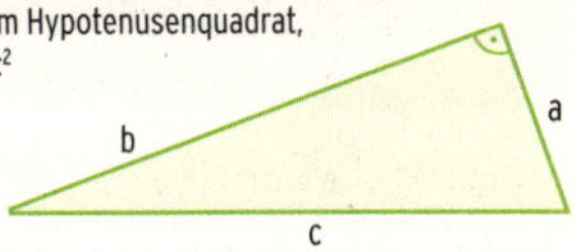

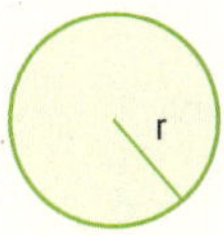

Kreis

Umfang = $2 \cdot \pi \cdot r$
Fläche = $r^2 \cdot \pi$

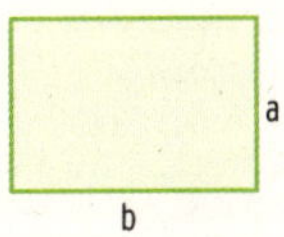

Rechteck

Umfang = $2 \cdot (a + b)$
Fläche = $a \cdot b$

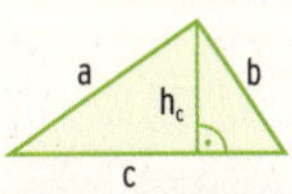

Dreieck

Umfang = $a + b + c$
Fläche = $½ \cdot c \cdot h_c$

Sinus + Kosinus
„GaGa Hühnerhof AG“

sin	cos	tan	cot	lies:
=	=	=	=	
$\frac{G}{H}$	$\frac{A}{H}$	$\frac{G}{A}$	$\frac{A}{G}$	GaGa Hühnerhof AG

H = Hypotenuse **A** = Ankathete **G** = Gegenkathete

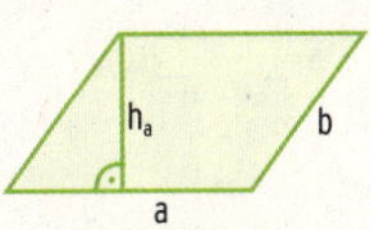

Parallelogramm

Umfang = $2 \cdot (a + b)$
Fläche = $a \cdot h_a$

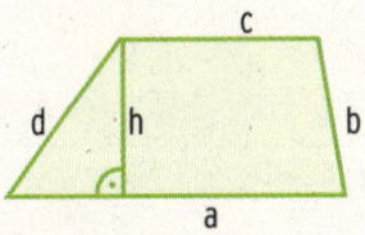

Trapez (mind. 2 Seiten parallel)

Umfang = $a + b + c + d$
Fläche = $½ \cdot (a + c) \cdot h$

Quader

Grundfläche: $G = a \cdot b$
Oberfläche: $O = 2 \cdot (ab + ac + bc)$
Volumen: $V = a \cdot b \cdot c$

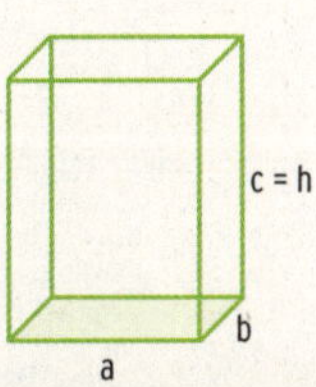

Quadratische Pyramide

Grundfläche: $G = a^2$
Oberfläche: $O = a^2 + 2a \cdot h_a$
Volumen: $V = \frac{G \cdot h}{3}$

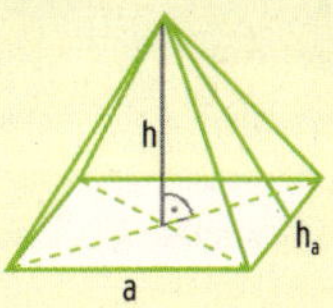

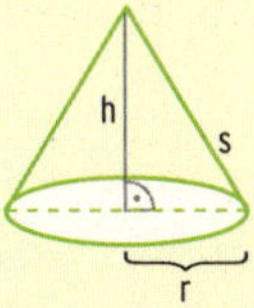

Kegel

Grundfläche: $G = \pi \cdot r^2$
Oberfläche: $O = \pi \cdot r \cdot (r + s)$
Volumen: $V = \frac{G \cdot h}{3}$

Zylinder

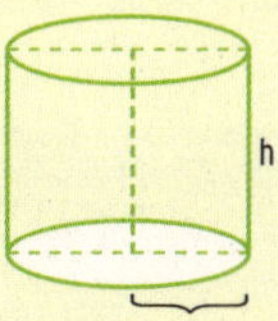

Grundfläche: $G = \pi \cdot r^2$
Volumen: $V = \pi \cdot r^2 \cdot h$
Mantel: $M = 2\pi \cdot r \cdot h$
Oberfläche: $O = 2 \cdot G + M = 2\pi \cdot r^2 + 2\pi \cdot r \cdot h = 2\pi \cdot r (r + h)$

Trapezsäule (liegend)

Grundfläche: $G = \frac{(a + c)}{2} \cdot h_a$
Oberfläche: $O = 2 \cdot G + (a + b + c + d) \cdot h$
Volumen: $V = G \cdot h$

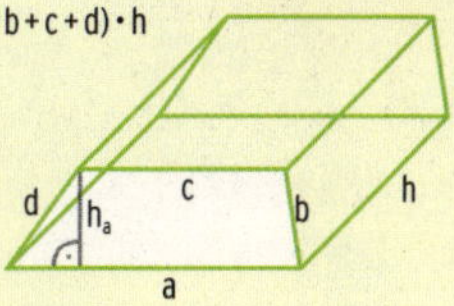

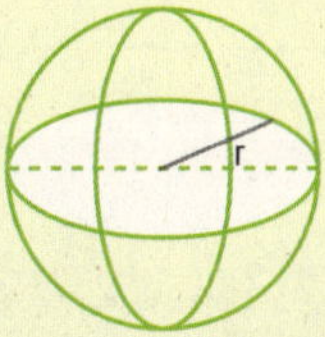

KUGEL

Volumen: $V = \frac{4}{3} \pi \cdot r^3$
Oberfläche: $O = 4\pi \cdot r^2$

„Wer ist dein Lieblingsvampir?“ - „Der aus der Sesamstraße.“ - „Der zählt ned.“ - „Ich bin ziemlich sicher, dass er genau das tut.“

Physik

„Wenn a für Erfolg steht, gilt die Formel a = x + y + z; x ist Arbeit, y ist Spiel, und z heißt Maulhalten."
– *Albert Einstein*

Basis-Einheiten

Länge:	Meter (m)
Masse:	Kilogramm (kg)
Zeit:	Sekunde (s)
Stromstärke:	Ampere (A)
Temperatur:	Kelvin (K)
Stoffmenge:	Mol (mol)
Lichtintensität:	Candela (Cd)

Zusammengesetzte Einheiten

Geschwindigkeit:	Meter / Sek. (m / s)
Beschleunigung:	Meter / Sek.^{2} (m / s^2)
Kraft:	Newton (N) = ($kg \cdot m / s^2$)
Druck:	Pascal (Pa) = (N / m^2)
Dichte:	Kilogramm / Kubikmeter (kg / m^3)
Energie:	Joule (J) = ($N \cdot m$) = ($kg \cdot m^2 / s^2$)
Leistung:	Watt (W) = (J / s) = ($kg \cdot m^2 / s^3$)
Elektrische Spannung:	Volt (V) = (W / A)
Elektr. Widerstand:	Ohm (Ω) = (V / A)
Elektrische Ladung:	Coulomb (C) = ($A \cdot s$)

Gesetze

Newton:	Kraft ist das Produkt aus Masse mal Beschleunigung $F = m \cdot a$
Ohm:	Widerstand ist der Quotient aus Spannung durch Stromstärke $R = U / I$
Druck:	Kraft durch Fläche $p = F / A$
Dichte:	Masse durch Volumen $\rho = m / V$

Energieerhaltung: Im geschlossenen System ist die Summe der Energien konstant. Daher gilt bei Umwandlung kinetischer / potenzieller Energie: $E_{kin} = 1/2 \cdot m \cdot v^2 = m \cdot g \cdot h = E_{pot}$ (g: Erdbeschleunigung ~ 9,81 m / s^2)

Zeichen

m	=	Masse [kg]	W	=	Arbeit [Joule]
V	=	Volumen [m^3 oder Liter]	P	=	Leistung [Watt]
ρ	=	Dichte [kg / m^3]	L	=	Drehimpuls [$N \cdot m \cdot s$]
s	=	Weg [m]	M	=	Drehmoment [$N \cdot m$]
t	=	Zeit [s]	p	=	Druck [Pascal]
v	=	Geschwindigkeit	U	=	Spannung [Volt]
a	=	Beschleunigung	R	=	Widerstand [Ohm]
E	=	Energie [Joule]	I	=	Stromstärke [Ampere]
F	=	Kraft [Newton]	E	=	elektrische Feldstärke [V / m]
F_G	=	Gewichtskraft	Q	=	Ladung [Coulomb]
F_N	=	Normalkraft	C	=	Kapazität [Farad]
F_H	=	Hangabtriebskraft	B	=	magnetische Flussdichte [Tesla]
g	=	Ortsfaktor / Fallbeschleunigung	f	=	Frequenz [Hertz]
p	=	Impuls [$N \cdot s$]	T	=	Temperatur [Kelvin]

Leute studieren sechs Jahre Physik und denen fällt trotzdem was runter. Peinlich.

Periodensystem

„Man braucht nichts im Leben zu fürchten, man muss nur alles verstehen."
- *Marie Curie*

H Gas**
Br Flüssigkeit**
Ag Feststoff**
Hs künstliche Elemente

Nichtmetall
Halbmetall
Metall

Elementsymbol — Ordnungszahl — 26 **Fe** 55,847 Eisen — Atommasse — Elementname

Begriffe des Periodensystems der Elemente (PSE)

Element	= Stoff, dessen Atome alle die gleiche Anzahl von Protonen im Kern enthalten.
Ordnungszahl	= Anzahl der Protonen im Atomkern (Kernladung) = Zahl der Elektronen in der Atomhülle
Perioden	= Waagerechte Reihen im PSE
Nummer der Periode	= Anzahl der besetzten Elektronenschalen
Gruppen	= Es gibt Haupt- und Nebengruppen.
Hauptgruppennummer	= Anzahl der Außenelektronen
Atommasse in u	u = $1{,}66 \cdot 10^{-24}$ g = 1/12 der Masse des Kohlenstoff-Atoms C_{12} entspricht der Molaren Masse in g/mol

Periode	Hauptgruppen I A	Hauptgruppen II A	Nebengruppen III B	IV B	V B	VI B	VII B	VIII B	VIII B	VIII B	I B	II B	Hauptgruppen III A	IV A	V A	VI A	VII A	Edelgase VIII A
1	1 **H** 1,00797 Wasserstoff																	2 **He** 4,0026 Helium
2	3 **Li** 6,939 Lithium	4 **Be** 9,0122 Beryllium											5 **B** 10,811 Bor	6 **C** 12,011 Kohlenstoff	7 **N** 14,007 Stickstoff	8 **O** 15,999 Sauerstoff	9 **F** 18,998 Fluor	10 **Ne** 20,183 Neon
3	11 **Na** 22,990 Natrium	12 **Mg** 24,312 Magnesium											13 **Al** 26,982 Aluminium	14 **Si** 28,086 Silicium	15 **P** 30,974 Phosphor	16 **S** 32,064 Schwefel	17 **Cl** 35,453 Chlor	18 **Ar** 39,948 Argon
4	19 **K** 39,098 Kalium	20 **Ca** 40,08 Calcium	21 **Sc** 44,956 Scandium	22 **Ti** 47,90 Titan	23 **V** 50,942 Vanadium	24 **Cr** 51,996 Chrom	25 **Mn** 54,938 Mangan	26 **Fe** 55,847 Eisen	27 **Co** 58,933 Cobalt	28 **Ni** 58,71 Nickel	29 **Cu** 63,54 Kupfer	30 **Zn** 65,37 Zink	31 **Ga** 69,72 Gallium	32 **Ge** 72,59 Germanium	33 **As** 74,922 Arsen	34 **Se** 78,96 Selen	35 **Br** 79,909 Brom	36 **Kr** 83,80 Krypton
5	37 **Rb** 85,47 Rubidium	38 **Sr** 87,62 Strontium	39 **Y** 88,905 Yttrium	40 **Zr** 91,22 Zirconium	41 **Nb** 92,906 Niobium	42 **Mo** 95,94 Molybdän	43 **Tc*** (97) Technetium	44 **Ru** 101,07 Ruthenium	45 **Rh** 102,90 Rhodium	46 **Pd** 106,4 Palladium	47 **Ag** 107,87 Silber	48 **Cd** 112,40 Cadmium	49 **In** 114,82 Indium	50 **Sn** 118,69 Zinn	51 **Sb** 121,75 Antimon	52 **Te** 127,60 Tellur	53 **I** 126,90 Iod	54 **Xe** 131,30 Xenon
6	55 **Cs** 132,90 Caesium	56 **Ba** 137,34 Barium	57-71 Lanthanoide	72 **Hf** 178,49 Hafnium	73 **Ta** 180,95 Tantal	74 **W** 183,85 Wolfram	75 **Re** 186,2 Rhenium	76 **Os** 190,2 Osmium	77 **Ir** 192,2 Iridium	78 **Pt** 195,09 Platin	79 **Au** 196,97 Gold	80 **Hg** 200,59 Quecksilber	81 **Tl** 204,37 Thallium	82 **Pb** 207,19 Blei	83 **Bi** 208,98 Bismut	84 **Po*** (209) Polonium	85 **At*** (210) Astat	86 **Rn*** (222) Radon
7	87 **Fr*** (223) Francium	88 **Ra*** (226) Radium	89-103 Actinoide	104 **Rf*** (261) Rutherfordium	105 **Db*** (262) Dubnium	106 **Sg*** (262) Seaborgium	107 **Bh*** (262) Bohrium	108 **Hs*** (262) Hassium	109 **Mt*** (266) Meitnerium	110 **Ds*** (269) Darmstadtium	111 **Rg*** (272) Roentgenium	112 **Cn*** (277) Copernicium	113 **Nh*** (284) Nihonium	114 **Fl*** (289) Flerovium	115 **Mc*** (288) Moscovium	116 **Lv*** (292) Livermorium	117 **Ts*** (292) Tenness	118 **Og*** (294) Oganesson

Lanthanoide	57 **La** 138,91 Lanthan	58 **Ce** 140,12 Cerium	59 **Pr** 140,91 Praseodymium	60 **Nd** 144,24 Neodymium	61 **Pm*** 145 Promethium	62 **Sm*** 150,35 Samarium	63 **Eu** 151,96 Europium	64 **Gd** 157,25 Gadolinium	65 **Tb** 158,92 Terbium	66 **Dy** 162,50 Dysprosium	67 **Ho** 164,93 Holmium	68 **Er** 167,26 Erbium	69 **Tm** 168,93 Thulium	70 **Yb** 173,04 Ytterbium	71 **Lu** 174,97 Lutetium
Actinoide	89 **Ac*** (227) Actinium	90 **Th*** 232,04 Thorium	91 **Pa*** (231,04) Protactinium	92 **U*** 238,03 Uranium	93 **Np*** (237,05) Neptunium	94 **Pu*** (244) Plutonium	95 **Am*** (243) Americium	96 **Cm*** (247) Curium	97 **Bk*** (247) Berkelium	98 **Cf*** (251) Californium	99 **Es*** (254) Einsteinium	100 **Fm*** (257) Fermium	101 **Md*** (258) Mendelevium	102 **No*** (259) Nobelium	103 **Lr*** (260) Lawrencium

* Alle Isotope dieses Elements sind radioaktiv. Die Werte in Klammern geben die Massenzahl des Isotops mit der größten Halbwertszeit an. ** Aggregatzustand bei 25 °C und 1013,25 hPa.

Er: „Stehst du auf Chemiewitze?" Sie: „Na Chlor!" ☺

01 Mo AUG

Wer würde nicht gern die Zukunft vorhersagen können? Eine englische Casinokette suchte 2021 zu diesem Zweck einen „Simpsons Series Analyst". Ein richtiger Traumjob: 6.000 € dafür, innerhalb von zwei Monaten alle 33 Staffeln der Simpsons (plus den Film) zu bingen und dazu detaillierte Notizen anzufertigen. „Es ist ein bekanntes Phänomen, dass die Simpsons wichtige Lebensereignisse vorhergesagt haben, und in unserer Branche sagen auch wir gerne voraus, was die Zukunft für uns bereithält." In diesem Sinne: Hellsehen ist besser als Schwarzsehen. Viel Spaß in der Zukunft! 😱 🤔 😳

Wer hätte gedacht dass 2020 eine Trilogie wird.

02 Di AUG

NEW GAME *START*

„Es geht einem nicht um den Titel oder um die Schale, sondern darum, jedes Spiel zu gewinnen. Denn dieses Gefühl des Gewinnens, des Besserseins als der Gegner, das gibt dir den Kick. Aber der Kick hält nicht lange an. Deswegen versucht man, ihn sich immer wieder zu holen." – *Thomas Müller*

Fach eintragen

Aufgabe erledigt? – Check!

to do

[Erster Tag als Hai] Anderer Hai: „Hör nicht auf dich zu bewegen, sonst stirbst du." [Letzter Tag als Hai]

03 Mi AUG

Be unique!

„Wie soll ich denn bitte ganz China erobern, das ist doch viel zu groß ..." – „Also wirklich Dschingis, ich hab dir das doch beigebracht, wie sagen wir immer?" – *seufzt* „Ich bin Dschingis Khan, nicht Dschingis kann nicht."

Tageskästchen: Tag abhaken, Smiley, Countdown etc.

to do

„Warum hast du denn keinen Humor?" – „Ich bin Dirk Nowitzki."

SHEEESH!

Füße hoch, die hier kommen flach!? Unterhalten sich zwei Fliesenleger: „Wo sind denn die ganzen Fliesen hin?" - „Oh, die muss ich verlegt haben." | Polizist: „Sie müssen hier weggehen." Malte: „Warum?" Polizist: „Absolutes Malteverbot." | Der bekannteste norwegische Türsteher? Lasse Reinström | Wohin fährt der Impfbus? Auf Spritztour | „Ab jetzt sind alle Flachwitze gestrichen!" - „Welche Farbe?"

04 Do AUG

Register mit Kalenderwoche

Sonstige Aufgaben, z. B. Kopiergeld mitnehmen

to do

aktuelle Mondphase

„Wie findest du den neuen Capital Bra Song?" - „So lele."

„Wenn wir aufwachsen, sagen uns alle möglichen Menschen, was wir tun sollen. Dabei brauchen wir eigentlich nur mehr Freiraum, um das selbst herauszufinden." - *Elliot Page*

05 Fr AUG

to do

Alles, was ich im Leben will, ist in Ruhe gelassen und zu allem eingeladen zu werden.

06 Sa

Häfft

07 So

Code der Woche: Fundstücke aus dem Web

Scan mich, ich bin ein verzauberter Codehaufen.

Sonnenauf- und -untergangszeiten

Namen im Ticker, die dir nichts sagen? Google hilft! Versprochen, hinter jedem Geburtstag im Ticker verbirgt sich eine spannende Geschichte. Wenn dein Favourite noch nicht dabei ist, slide einfach in unsere dms bei Insta und sag Bescheid, wer noch fehlt. **01.08.** HandOfBlood (30) **02.08.** Stefan Effenberg (54) **03.08.** Karlie Kloss (30), Aaron Troschke (33), Kollegah (38) **04.08.** Barack Obama (61) **05.08.** BastiGHG (25), Jessica Nigri (33) **06.08.** Vera Farmiga (49) **07.08.** Mai Thi Nguyen-Kim (35), Charlize Theron (47)

A | B

Löwe
23.07.-23.08.

05:51 Uhr
20:56 Uhr

Stundenplan A oder B?

08 Mo AUG
Friedensfest | Weltkatzentag

Welt der Katzer: [Test des Katze-Mensch-Übersetzungsgeräts] Wissenschaftler: „Katze, wie heißt du?" Katze: „Ich bin KANG DER ZERSTÖRER!" Besitzer: „Das funktioniert nicht. Er heißt Katzer!" ☹ | Schachtel: „Miau!" Schrödinger: „Ignoriert das." | „Diese Katze ist ja sehr leise." – „Ja, ist ein schnurrloses Modell."

to do

Katzeranwalt: „Zeigen Sie uns bitte auf dieser Karte, wo der Unfall stattgefunden hat!" *Zeuge hebt Laser-Pointer hoch* *Katzeranwalt zerfetzt die Karte*

09 Di AUG

„Say to the down-keepers, the sun-slappers, the self-soilers, the harmony-hushers: ‚Even if you are not ready for the day, it cannot always be night.' You will be right. For that is the hard home-run. Live not for battles won. Live not for the-end-of-the-song. Live in the along." – *Gwendolyn Brooks (Speech to the Young)*

to do

„Ich bin ein Empath." – *Die schlimmste Person, die du je getroffen hast*

10 Mi AUG

‼OMG, Milliarden-Dollar-Unternehmen‼ IS DAS EIN 🌈R🌈E🌈G🌈E🌈N🌈B🌈O🌈G🌈E🌈N🌈 LOGO?!?!? 😍😍😍😍😍 OMG 😇😇😇 SO INCLUSIVE 😱😱😱😱 🌈 LGBTQ+🌈🌈 ⚧ TRANS ⚧ RECHTE YAAAAS!!!!!!!!! 🌈🌈⚧🌈🌈⚧🌈 SO PROGRESSIV 💁💁💁💁 ICH KAUF JETZT ALLES VON EUCH! 👏👏👏🥺🥺🥺 LIEBE EUCH SO SEHR 😫😩😩😍😍🥰🌈🌈🌈🌈🌈🌈🌈

to do

THINK

In Florida wurde eine Elfjährige von einem Mann mit einem Messer bedroht, der sie in einen Van zerren wollte. Geistesgegenwärtig schmierte sie ihm blauen Spielzeugschleim auf den Arm. So machte sie ihn für die Polizei identifizierbar. „Ich wusste, das könnte ein Beweis sein, wenn die Polizei ihn findet." Der von ihrer Lieblingsserie „CSI" inspirierte Plan ging auf, der Schleim haftete bei der Verhaftung noch nach Stunden am Arm des Täters. 😲

11 Do AUG

to do

„Polizeinotruf." - „Oh, hallo! Bin ich bei der Polizei?" - „Nein. Ich bin bei der Polizei. Sie sind irgendwo da draußen und telefonieren."

DON'T SUS ME!

SUS: Das Video „Entspannung in fünf Minuten" dauert neun Minuten. *nervöses Augenzucken* | Cryptobros: „NFTs sind echt und wertvoll!" 😍 Steuerfahndung: „Okay." Cryptobros: „Äh, so war das nicht gemeint." 😕 | „Hunde, die bellen, beißen nicht" soll wohl beruhigend klingen, aber heißt für mich nur, dass es lautlose Hunde gibt, die sich anschleichen und einen dann beißen. 😨

12 Fr AUG

Internationaler Tag der Jugend

to do

„Max, dein Mathebuch schaut aus, als hättest du darauf rumgekaut und es dann ausgespuckt!" - „Echt? Woher wissen Sie das? Sieht man das?"

13 Sa

Linkshändertag

14 So

08.08. Shawn Mendes (24), Roger Federer (41), Jan Josef Liefers (58) **09.08.** Anna Kendrick (37), Gillian Anderson (54) **10.08.** Kylie Jenner (25), Katja Krasavice (26), Lucas Till (32) **11.08.** Chris Hemsworth (39), Viola Davis (57), Hulk Hogan (69), Steve Wozniak (72) **12.08.** Hava (24), Cara Delevingne (30) **13.08.** Andre Schiebler (31), Sebastian Stan (40), Moritz Bleibtreu (51), Heike Makatsch (51) **14.08.** Rezo (30), Mila Kunis (39), Halle Berry (56) | 👽🖖 ✌🌍

A | B

Löwe 23.07.-23.08.

06:02 Uhr
20:43 Uhr

15 Mo AUG
Mariä Himmelfahrt

„Wenn ich den ersten Song spiele, sehe ich nichts als Handys. Es ist sehr interessant, wie sehr die Leute konditioniert sind. Für sie ist es das Größte, anderen zu beweisen, dass sie da waren – anstatt einfach da zu sein."
– *Lenny Kravitz*

to do

Welches Musikinstrument spielen Traumtänzer? Das Einhorn

16 Di AUG

„Was ist das für Eis?" – „Fair Trade Avocado-Limette x Chili-Basilikum." – „Und das?" – „Meloneneis mit ganzen Früchten und Kurkuma aus den Anden." – „Hamse kein Eis von fangfrischen Pokémon?" – „Leider nein." – „Dann bitte drei Kugeln Vanille."

to do

„I want one choco, one vanilla and one earthbear." Kannste dir nicht ausdenken.

17 Mi AUG

Halbwissen: Als Europäerin hieße Miley Cyrus Kilometery Cyrus. | T-Shirt ist die Kurzform von Tyrannosaurus Shirt. | Suppe wurde 1927 von Manfred Suppe erfunden, als er ein Hühnchen trinken wollte. | Wegen der hervorragenden Busanbindung: Immer mehr Menschen ziehen nach Betriebsfahrt.

to do

Marvel-Helden auf Deutsch auch nur Eisenmann, Kapitän Amerika oder Ameisenmann.

Die Top 6 meistgetreamten Artists in Deutschland: [1] Capital Bra [2] Bonez MC [3] Benzaknen [4] RAF Camora [5] Roborock S7 [6] Apache 207 *(Wenn du bemerkt hast, dass ein Staubsaugerroboter und eine Pickelsalbe dazwischen sind, ist alles okay bei dir. Relativ.)*

18 Do AUG

to do

Früher: Ich lebe für Hip-Hop. Heute: Ich lebe von Hip-Hop.

GNRVT!

Dinge geschehen!? Mystische Machteliten planen eine Verschwörung nach der anderen, ein Geringverdiener im Unterhemd schaut circa drei Youtube-Videos und deckt alles auf. | „Menschen werden unfruchtbar und vererben die Unfruchtbarkeit auch an die nachfolgenden Generationen." | 90s-Wissenschaftler: „Wir haben ein Schaf geklont und Roboter auf dem Mars gelandet!" Wissenschaftler heute: „Die Erde ist *rund* ffs!"

19 Fr AUG

to do

20 Sa

Häfft

21 So

15.08. Jennifer Lawrence (32), Joe Jonas (33), Adel Tawil (44), Ben Affleck (50) **16.08.** Victoria Swarovski (29), Steve Carell (60), Madonna (64), James Cameron (68) **17.08.** The Kid LAROI (19), Frederick Lau (33), Robert De Nirò (79) **18.08.** G-Dragon (34), Edward Norton (53), Harald Schmidt (65), Robert Redford (86) **19.08.** Trymacs (28), MckyTV (28), Fat Joe (52) **20.08.** Demi Lovato (30), Amy Adams (48) **21.08.** Robert Lewandowski (34), Usain Bolt (36), Liam Howlett (The Prodigy) (51), Carrie-Anne Moss (55) |

A | B

Löwe
23.07.-23.08.

06:13 Uhr
20:29 Uhr

22 Mo AUG

Twitch-Stars wie Asmongold, xQc, MontanaBlack oder Amouranth verdienen jedes Jahr Millionen. Aber wie viel machen eigentlich Normalsterbliche auf Twitch? 75 % aller Streamer verdienten 2021 (bis September) weniger als 120 $. 50 % nahmen weniger als 28 $ ein - dabei zahlt Twitch erst ab 100 $ aus. Die Ungleichheit geht so weit, dass die obersten 1 % der Streamer 529 Mio. $ verdienten. Die anderen 99 % kamen zusammen auf 360 Mio. $.

to do

Wie macht der Beutezug? - Loot loot!

23 Di AUG

Weisheiten aus Arcane: „Was dich von anderen unterscheidet, macht dich stark." - *Vi* | „Man muss den Leuten nicht nur zeigen, wie man überlebt. Man muss ihnen zeigen, was es heißt, zu leben." - *Ekko* | „Wenn man die Welt verändern will, fragt man nicht nach Erlaubnis." - *Viktor* | „In jedem von uns schlummert ein Monster." - *Silco*

to do

Vi: „Hilfst du mir mal hoch, Cupcake?" Caitlyn: „Hör auf mich so zu nennen. Mein Name ist Caitlyn." Vi: „Du bist nun mal zuckersüß. Wie'n Cupcake." Caitlyn: „Halt die Klappe."

24 Mi AUG

Muk-Bang (Wortkombo aus „essen" und „senden") ist die Online-Fressorgie für ASMR-Fans: Übertrieben große Portionen diversester Gerichte werden in stundenlangen Livestreams verzehrt, wobei Schmatzen & Schlürfen für akustische Untermalung sorgen. Die Idee dazu stammt aus Südkorea, wo sich Muk-Bang schon seit gut 10 Jahren vor allem bei weiblichen Streamern großer Beliebtheit erfreut. *börps*

to do

Schlürfe Spaghetti durch die Schlitze meines mittelalterlichen Ritterhelms. „Hab doch gewusst, das Ding wird sich lohnen."

Lass dir nix einreden, es gibt keine veralteten Memes. Manchmal sieht man halt einfach etwas, das ganz offensichtlich eine abgelenkter-Freund-Situation ist. Sollte man versuchen, das dann um jeden Preis in ein Zwei-Typen-im-Bus-Meme reinzupacken? Ich denke nicht.

25 Do AUG

to do

Nur noch 1 Quest!

Dann schuf Gott den Cringe & es war ihr irgendwie unangenehm. 😳 | „Eine Apfelschorle, bitte." - „Sorry, I only speak English." - „Up fail shore lay!" | „Wie heißt deine Tochter?" - „Sohn." - „Oh, wie ausgefallen!" | „Was ist ihre größte Schwäch ..." - „Spontaneität! Ne, Ungeduld! ... Unsicherheit?" | „Hast du TikTok?" - „Kurz vor halb acht." | „Das Jugendwort 2021 war ja cringe." - „Wie jedes Jahr. Welches Wort war's denn?" 😳

26 Fr AUG

to do

— „Cringe ist das Gefühl, das Sie haben, wenn ich den folgenden Satz sage: Digga, wie fly ist eigentlich die Tagesschau, wenn sie mit Jugendwörtern flext? Läuft bei dir, ARD!" - *Susanne Daubner (ARD)*

27 Sa

28 So

22.08. Dua Lipa (27) **23.08.** Kim Gloss (30) **24.08.** Alan Walker (25), Amber Bongard (25), Debi Flügge (31), Rupert Grint (34), Tarek K.I.Z. (36), Dave Chappelle (49), Hideo Kojima (59) **25.08.** Matthias Roll (31), Amy Macdonald (35), Rachel Bilson (41), Claudia Schiffer (52) **26.08.** Chris Pine (42) **27.08.** Stefanie Giesinger (26), Aaron Paul (43) **28.08.** Felix Jaehn (28), LeAnn Rimes (40), Jack Black (53) | [Außerirdische Familie passiert die Erde] *Türverriegelungssgeräusch* ----

A | B

Jungfrau
24.08.-23.09.

06:24 Uhr
20:15 Uhr

29 Mo AUG

Gedankensalat: Bei der nächsten Eiszeit will ich Vanille. | Ich würde gern in Essen wohnen. In einem 120 m^2 Döner mit einer Dachterasse aus Pizza. | Die umweltfreundlichsten Papierstrohhalme sind die, die einzeln in Plastik verpackt sind. | Im Rezept steht, der Brotteig brauche jetzt 48 Stunden Ruhe. Ich bin Brotteig. 😳

to do

Ich: „I muss pieseln." Alle anderen im Trojanischen Pferd: „Shh."

30 Di AUG

1817 erschien „Frankenstein", der Debütroman der 20-jährigen Engländerin Mary Shelley. Fans weltweit waren fasziniert von ihrer Story des Gott spielenden Wissenschaftlers, der von ihm geschaffenen Kreatur und der Frage, wer in der Geschichte wirklich das Monster ist. Für die damalige Zeit eine ganz neue Art von Story. Shelley hatte gerade den ersten Sci-Fi-Roman geschrieben. Heute wäre der 225. Geburtstag der Mutter der Science-Fiction.

to do

31 Mi AUG

„Es ist verrückt, dass Menschen dafür verurteilt werden, dass sie echt sind, während andere dafür geliebt werden, dass sie fake sind." - *Tupac Shakur*

to do

Wenn das Leben dir Dämonen gibt, mach Dämonade draus.

Realtalk: „Happiness is the best make-up." - *Drew Barrymore* | „Sometimes, I wish I was a pretty woman!" - *Boris Becker* | „Der Film Matrix war kein Film sondern eine Doku." - *Keanu Reeves* | „Man kann einem Schwein Flügel verpassen, aber dadurch wird es nicht zu einem Adler." - *Bill Clinton*

01 Do SEP

Antikriegstag

SEP 35

29.08 — 04.09

to do

„Guter Regen weiß, wann er fallen muss." - *Squid Game*

„Wir haben uns ja ewig nicht mehr gesehen." - „Gott sei Dank! Ich hab dich echt kein Stück vermisst." - „Mir doch egal, wie es dir geht." - „Lass uns bloß nichts für nächste Woche ausmachen." - „Im Leben nicht. Auf Nimmerwiedersehen." - „Schönes Restleben noch." - *Wenn Smalltalk ehrlich wäre*

02 Fr SEP

to do

„Hey, gibt's dich noch?" - „Ja, bin selbst überrascht."

03 Sa

Häfft

04 So

29.08. Liam Payne (29), Thomas Tuchel (49) **30.08.** Jessica Henwick (30), Cameron Diaz (50) **31.08.** Simon Unge (32), Chris Tucker (51) **01.09.** Jungkook (BTS) (25), Zendaya (26), Taddl (28) **02.09.** CrispyRob (29), Zedd (33), Javi Martínez (34), Dimitrij Ovtcharov (34), Sidney Hoffmann (43), Robert Habeck (53), Salma Hayek (56), Keanu Reeves (58) **03.09.** Kaia Gerber (21), Niklas Süle (27), Gusttavo Lima (33), Jérôme Boateng (34), Lx (36), Eko Fresh (39), Charlie Sheen (57) **04.09.** James Bay (32), Beyoncé Knowles (41)

A | B

Jungfrau 24.08.-23.09.

06:34 Uhr
20:01 Uhr

05 Mo SEP

Ein Tintenfisch als Mathe-Nachhilfe – why not? Dass Oktopusse schlau sind, ist nix Neues. Forscher haben jetzt sogar herausgefunden, dass sie tatsächlich zählen können und dadurch Vorteile bei der Jagd auf ihre Beute haben. Die achtarmigen Gesellen haben aber nicht nur Köpfchen, sondern auch ein großes Herz; genau genommen sogar drei, denn Oktopusse haben neben ihrem Hauptherz noch zwei Supportherzen.

to do

Warum der Oktopus kein Abi bekam? Seine Schrift war zu krakelig.

06 Di SEP

Animalische Fäcts Der Schokoladen-Fruchtzwerg ist kein Snack, sondern eine kleine mexikanische Fledermaus aus der Gattung der Fruchtvampire. | Die meisten Elefanten wiegen weniger als die Zunge eines Blauwals. | Alligatoren können schneller rennen und schneller schwimmen als Menschen. Man muss also verdammt schnell Fahrrad fahren, um einen Triathlon gegen einen Alligator zu gewinnen.

to do

Alligator schmeckt nicht wie Hühnchen, beide schmecken wie Dinosaurier.

07 Mi SEP

Laptop: „Internet weg." Smartphone: „Lügner." Modem: „Laptop?" Laptop: „Sry, ist doch da." Discord: „Yo, am Start." Steam: „Nix geht." Modem: „Wieso nicht?" Smartphone: „Internet weg." Laptop: „Sag ich doch!!" Modem: „Geht wieder." Discord: „Nö." Ich:

to do

Mit meinem Mauszeiger ein JPEG eines Hundes streicheln.

Tierisch: Oktopus ist die Abkürzung für Puspuspuspuspuspuspuspus. | Eine Babykuh heißt Kalb, weil die Kuh nur halb ist. Kuh halb. Kalb. Ende. | Vogel: „Ähhh … geht's dir gut?" Fledermaus: „Klar, warum fragst du?" | Warum haben deutsche Fußball-Nationaltrainer immer Namen wie Wellensittiche?!? Hansi, Berti, Rudi, Jogi, was ist da der Plan?

08 Do SEP

to do

[Erschaffung des Schwertfischs] Gott: „Gebt ihm Schwerter!" Engel: „LOL, der hat nicht mal Hände!?" Gott: „Ihr macht das schon …"

„Liegen entspannt unterm Wespennest, denn unsere Feinde, sie stechen nicht, brechen uns nicht."
– Marteria (Marilyn)

09 Fr SEP

to do

10 Sa

11 So

05.09. Nuri Şahin (34), Matthias Sammer (55), Michael Keaton (71) **06.09.** Faye Montana (19), Flo Beierlein (32), Idris Elba (50) **07.09.** Amar Al-Naimi (28), Namika (31), Shindy (34), Evan Rachel Wood (35), Kay One (38), Hannah Herzsprung (41) **08.09.** Gaten Matarazzo (20), Pink (43) **09.09.** Fiona Erdmann (34), Andrea Petković (35), Daniel Aminati (49), Adam Sandler (56) **10.09.** Ryan Phillippe (48), Colin Firth (62) **11.09.** Freshtorge (34), Susi Kentikian (35), Elizabeth Henstridge (35), Ludacris (45), Franz Beckenbauer (77)

Jungfrau
24.08.–23.09.

06:45 Uhr
19:45 Uhr

12 Mo SEP

„Mein Lehrer wollte, dass ich auf die Hauptschule gehe. Erst durch das Einschreiten meines deutschen Nachbarn konnte ich aufs Gymnasium." – *Prof. Dr. Uğur Şahin (Gründer von Biontech)*

to do

Alle Menschen sind Ausländer: Irgendwo. Alle Rassisten sind Idioten: Überall.

13 Di SEP

Fragen über Fragen: Warum heißt es iPhone und nicht Macintasch? | Wenn der Blitz in ein E-Auto einschlägt, ist es dann vollgetankt? | Was, wenn UFOs nur Milliardäre von anderen Planeten sind? | Ist auf der Büchse der Pandora eigentlich Pfand? | Warum heißt es Cola und Fanta zusammenkippen und nicht spezifizieren? | Warum immer „zu wenige Parkplätze" und nie „zu viele Autos"? | Warum unsichtbar und nicht ?

to do

Wie bewegt sich Spiderman auf dem Land? Hangelt der sich von Kuh zu Kuh?

14 Mi SEP

Deutscher Hip-Hop übernimmt die Supermärkte mit einer Flut an Merchandise-Tees. Aber Bratee, Dirtea und Haftea waren nur der Anfang der großen Deutschrapversupermarktung! Bald (hoffentlich nicht) erhältlich: 187 Strassenkaffee, Kollegah Tabs, Sidolean, ErsguterButter, Saftbefehl, Loredöna, Badmampfzjay, RAF Carbonara, LeberkäsSamy Deluxe, Capital Bratansoβe, Prinz Pizza, Frufo 361. PS: Young Mesh macht den Kartoffelsalat.

to do

Hab gehört, Bushido will AirBerlin kaufen. Die neue Fluggesellschaft soll dann Airsguterjunge heißen.

IT'S OKAY make mistakes

Lifehacks: Zum Kopfrechnen ist 18 % von 50 zu kompliziert? Dann nimm 50 % von 18, das ist das Gleiche. | Nicht wirklich sicher, ob „das“ oder „dass“? Schreib einfach „dss“. Alle denken, du hast ein „a“ vergessen oder dich vertippt. | Matheaufgaben zu schwer? Poste sie auf Insta und schreibe drüber: „Nur jeder 10. kann diese Aufgabe lösen.“

15 Do SEP

to do

95 % aller Lifehacks im Internet: Du brauchst neue Schuhe? Kauf dir einfach Inliner und säg die Rollen ab.

Im Jahr 1966 wollte die 23-jährige Bobbi Gibb beim Boston Marathon mitlaufen, der damals noch eine reine Männerveranstaltung war. Auf die Frage, ob sie teilnehmen darf, obwohl sie eine Frau ist, antwortete der Renndirektor mit einem klaren Nein und der süffisanten Randbemerkung, Frauen seien körperlich gar nicht in der Lage, einen Marathon zu laufen. Gibb lief trotzdem mit und ließ zwei Drittel der Männer hinter sich.

16 Fr SEP

to do

17 Sa

Häfft

1. „Lord“ oder „Lady“
2. *Name deines Haustiers/befreundeten Tiers*
3. *Das Letzte, was du verzehrt hast*
4. „von“
5. *wo du als Letztes eingekauft hast*

18 So

12.09. RM (BTS) (28), Emmy Rossum (36), Jennifer Hudson (41), Jean Pierre Kraemer (42) **13.09.** Eunique (27), Melina Sophie (27), Niall Horan (29), Thomas Müller (33), Tom Bartels (57) **14.09.** Maurizio Magno (19), Alex Clare (37), Ivica Olić (43), Nas (49), Günter Netzer (78) **15.09.** Prinz Harry (38), Tom Hardy (45) **16.09.** Nick Jonas (30), Katie Melua (38), Amy Poehler (51), Mickey Rourke (70) **17.09.** Nadine Breaty (24) **18.09.** Jason Sudeikis (47), James Marsden (49), Anna Netrebko (51), Jada Pinkett Smith (51)

A B

Jungfrau
24.08. - 23.09.

06:56 Uhr
19:29 Uhr

19 Mo SEP

Ende 2020 sollte ein neues Lernportal digitales Lernen in Schleswig-Holstein aufs nächste Level bringen. Wie viele andere Bundesländer nutzten die Schleswig-Holsteiner das Lernmanagementsystem „its learning“. Als buchstäblicher Griff ins Klo entpuppte sich dann der Name der neuen Website: „Sh.itslearning“ sorgte bei seiner Vorstellung deutschlandweit für Lacher.😂

to do

Ich gebe jede Woche 100 %: Montag: 20 % Dienstag: 35 % Mittwoch: 23 % Donnerstag: 20 % Freitag: 2 %

20 Di SEP
Weltkindertag

Wie krieg ich bloß den ganzen Müll in mein Hirn? Ganz einfach: Laber den Lernstoff einfach in dein Handy (z. B. mit der Diktierfunktion) und hör dir die Aufnahme immer wieder an: beim Aufräumen, Malen, Zocken, Chillen, Schlafen, whatever. Wiederholungen bringen es beim Lernen total.

to do

„Das ist voll kindisch!“ – „Dann hör doch damit auf!“ – „Hör du doch damit auf!“ – „Nein DU!“

21 Mi SEP
Internationaler Tag des Friedens

„Wenn du ein Problem mit mir hast, ruf mich an. Wenn du meine Nummer nicht hast, heißt das, dass du mich nicht gut genug kennst, um ein Problem mit mir zu haben.“ – *Christian Bale*

to do

Wichtig: Props geben = Anerkennung zollen, Probs geben = Ärger machen.

Taking Ls: Unter der Dusche fallen mir die besten Dinge ein. Dass ich noch Socken trage, zum Beispiel. | „Nenn mir ein Land mit K." Ich: „Kaufland." | „Wie lief dein Grammatikwettbewerb?" - „Hab verliert. 😒" | „Du bist ein guter Verlierer!" - „Ich übe viel." | Ich: „Scotty, beam mich hoch!" USS Enterprise: *fliegt weg*

22 Do SEP

to do

Was ich von der Sonne gelernt habe? Dass es total okay ist, täglich unterzugehen! 😎

Simple is good

Nachhaltiges Konfetti easy peasy selbst gemacht. Einfach Laub (nicht zu trocken) sammeln, einen Locher schnappen und schon kann's losgehen. Entweder mit der Lochzange aus großen Blättern viele Einzelkonfettis stanzen oder die Blätter mehrfach falten, in einen herkömmlichen Locher schieben und ausstanzen. 🌍 🎉

23 Fr SEP

Herbstanfang

to do

Top 5 Verwendungszwecke für Äpfel: 1. Die Sünde in die Welt bringen 2. Gravitation entdecken 3. Den Doktor fernhalten 4. Vom Kopf eines Kindes herunter schießen 5. Kuchen

24 Sa

St. Rupert (AT)

25 So

19.09. Linda Teodosiu (31), Jimmy Fallon (48), Jeremy Irons (74) **20.09.** Laura Dekker (27), Julian Draxler (29), George R. R. Martin (74) **21.09.** Dagi Bee (28), Ante Rebić (29), Lindsey Stirling (36), Bill Murray (72), Stephen King (75) **22.09.** Sabine Lisicki (33), Tom Felton (35), Klaas Heufer-Umlauf (39), Christian Ulmen (47) **24.09.** Pia Wurtzbach (33) **25.09.** Donald Glover (39), Casper (40), Santigold (46), Steven Gätjen (50), Catherine Zeta-Jones (53), Will Smith (54), Mark Hamill (71), Michael Douglas (78) | 🎂

A | B

Jungfrau
24.08. - 23.09.

07:07 Uhr
19:13 Uhr

26 Mo SEP

Schöne neue Welt: Anfang 2021 hatten 4,57 Milliarden Menschen einen Zugang zum Internet. Das sind 59 % der Weltbevölkerung. Zehn Jahre zuvor hatten gerade mal zwei Milliarden Menschen die Möglichkeit, das Internet zu besuchen. Facebook blieb das stärkste Social Network mit 2,81 Milliarden Accounts. Die am schnellsten wachsende Online-Plattform 2021 war TikTok mit über zwei Milliarden Downloads der App.

to do

Ich: *mache eine winzige Kleinigkeit* „Puh, erstmal aufs Handy schauen.“ 😎

27 Di SEP

😟 💬 🔇 🚫 😱 🤳 Ich: „Hallo Mutti, geht es dir gut?“ Mutti: *schreibt* *schreibt* *schreibt* „JA, DAkne“ | „Leg jetzt mal das Handy weg!“ *Vom iPhone gesendet* | „Ich verstehe dich ganz schlecht.“ – *ändert nichts* „Besser?“ – „Ja, tiptop.“ 👍 | Ab fünf Minuten ist es keine Sprachnachricht mehr, sondern ein Podcast. 😴

to do

28 Mi SEP

Durch Social Media und die weltweite Verbreitung von Smartphones mit guten integrierten Kameras hat sich das Fotografieren grundlegend verändert: Heute werden weltweit alle zwei Minuten mehr Fotos aufgenommen als im kompletten 19. Jahrhundert zusammen. Komplett geisteskrank: 10 % aller Fotografien, die jemals gemacht wurden, sind in den letzten 12 Monaten geschossen worden. 📸 🤳

to do

Wenn man schon für ein Selfie Stunden mit Schminken, Löckchen eindrehen, Nägel lackieren und Posen verbringt, sollte wenigstens der Klodeckel im Hintergrund zu sein. 😒

! ERROR

Dass Instagram viele unglücklich macht, ist soweit nichts Neues. Dass es allerdings einen Einfluss auf die Anzahl der weltweiten Schönheitsoperationen hat, ist schon creepy. So wünschten sich 2021 angeblich 45 % der europäischen Jugendlichen zum 18. Geburtstag keinen Führerschein, sondern eine Beauty-OP. 😳

29 Do SEP

to do

„Was an deinem Körper würdest du am liebsten operativ verändern lassen?" - „Ich hätte gern zehn Mittelfinger."

„Und auch wenn es absurd klingt, wenn so etwas ausgerechnet von mir kommt, aber: Vorsicht mit Social Media! Sich mit anderen zu vergleichen, ist der sichere Weg ins Unglück. Ohne Spaß. Arbeitet an euch selbst, lest Bücher, geht trainieren oder macht Party, aber macht nur, worauf ihr Bock habt. Man wird zu leicht beeinflusst von dieser Fantasiewelt." - *RAF Camora*

30 Fr SEP

to do

Eben in der Bahn: „Er hat Facebook blaue Augen." - „Wow!"

01 Sa

02 So

Erntedankfest

26.09. Nilam Farooq (33), Talulah Riley (37), Serena Williams (41) **27.09.** Badmómzjay (20), Granit Xhaka (30), Lil Wayne (40), Gwyneth Paltrow (50) **28.09.** Regina Hixt (33), Hillary Duff (35), Bushido (44), Naomi Watts (54) **29.09.** Anni The Duck (25), Halsey (28), Zachary Levi (42) **30.09.** Alexander Nübel (26), Ezra Miller (30) **01.10.** Brie Larson (33), LeFloid (35) **02.10.** Jacob Sartorius (20), Janina Uhse (33), Linda Stahl (37), Sascha Reimann (49) | TikTok ist das Berlin des Internets.

A B

Waage
24.09. - 23.10.

07:19 Uhr
18:56 Uhr

03 Mo OKT
Tag der Deutschen Einheit

Ich: *ziehe nach Berlin* Berliner*innen: „HIER SIND 700 ORTE DIE DU UNBEDINGT SEHEN MUSST GEH BLOẞ NICHT VOR DIE TÜR BERLIN IST TOTAL KRASS NIEMAND ÜBERLEBT HIER BESTE STADT DER WELT ALLES IST FURCHTBAR FURCHTBAR MEGA LEBENSGEFÜHL WIR SIND WAS GANZ BESONDERES MACH YOGA SONST STIRBST DU.“

BERLIN IS MY Unicorn

to do

04 Di OKT
Welttierschutztag

Eine tierisch coole Aktion startete 2021 in der ersten rumänischen Fußballliga. Anstelle der sonst üblichen Einlaufkinder begleiteten Hunde aus Tierheimen des Landes bei sämtlichen Profispielen die Fußballer aufs Feld. Die Aktion sollte die Fans animieren, Straßenhunden ein neues Zuhause zu geben. 😍 👍

to do

05 Mi OKT
Weltlehrertag

„Mein Name ist Bond. James Bond.“ Heute vor 60 Jahren konnte man den berühmtesten Spion der Kinogeschichte erstmals auf der Leinwand bewundern. 25 Filme und 6 Bond-Darsteller später ist klar: 007 bleibt unsterblich. Nach 16 Jahren im Geheimdienst ihrer Majestät könnte sich Daniel Craig sogar Jürgen Klopp als Nachfolger vorstellen: „Ich verehre Jürgen Klopp, also ja. Er ist ein Anführer, im Grunde steht er über James Bond.“

Hi, my name is...

to do

„Ich wäre ein sehr schlechter James Bond. Wenn ich in Badeshorts aus dem Wasser steigen würde, würde die ganze Welt abschalten.“ – *Jürgen Klopp*

Moin.

Nordisch by nature: „Ich begrüße sie im Zug von Grüß Gott nach Moin." | „So." - *Norddeutscher Schlachtruf* | „Ich liebe es, im Regen zu tanzen." Norddeutsche: „Wo denn sonst?" | „Oha." - *Norddeutsche Panikattacke* | In Norddeutschland beginnt Körperkontakt ab 2 m Entfernung. | ▶ 0:01 - *Norddeutsche Sprachnachricht*

06 Do OKT

to do

Dudes fragen „Hä, woher weißt du, dass ich aus Norddeutschland komme?" und heißen Tjark Ole Hinnerk Hering.

GUDÖ Nacht!

„Bei Bielefeld hat ein Haufen Bauern den Postillon, weil er über ihren Acker gefahren, erst abprügeln müssen, ehe er die Fahrt hat fortsetzen können." - *Begründung für die Verspätung einer Postkutsche, frühes 18. Jhd.*

07 Fr OKT

to do

„Fährst du Neukölln?" - „Nee, ick fahr Bus." Berliner Busfahrer sind die besten.

08 Sa

09 So

03.10. Noah Schnapp (18), Max Giesinger (34), Alicia Vikander (34), Anna Kraft (37), Tessa Thompson (39), Zlatan Ibrahimović (41), Claudio Pizarro (44) **04.10.** Dakota Johnson (33), Christoph Waltz (66) **05.10.** Jesse Eisenberg (39), Kate Winslet (47) **06.10.** Addison Rae (22), Sophia Thomalla (33) **07.10.** Wladimir Putin (70) **08.10.** Bella Thorne (25), Bruno Mars (37), Kida Khodr Ramadan (46), Matt Damon (52), Sigourney Weaver (73) **09.10.** Bella Hadid (26), Trettmann (49)

A B

Waage
24.09.-23.10.

07:30 Uhr
18:41 Uhr

10 Mo OKT
Tag der Volksabstimmung (AT)

Dass so manch einer gern „absolut niemanden“ wählen würde, bewies David M. Powers schon 1992 bei der Wahl zum Vize-Gouverneur von Washington. Der einfallsreiche Scherzkeks änderte einfach seinen Kandidatennamen in „Absolutely Nobody“ und erhielt so immerhin 7 % der Stimmen.

to do

„Du brauchst nur ein Like. Dein eigenes.“ – *Matt Haig*

11 Di OKT

Ignant Skit: „Lockdown? Ohne mich! Da bleib ich lieber zu Hause.“ | „Störe ich gerade?“ – „Ne, überhaupt nicht.“ – „Okay, dann komm ich einfach später nochmal wieder.“ | „Das Zimmer ist zwar nicht groß, aber dafür gibt es in der Wohnung auch nur eines.“ – *Münchner Immobilienmakler* | Opa: „Ich geh Eis holen. Was möchtet ihr?“ Ich: „Haselnuss und Kirsch.“ Omi: „Melone und Mocca.“ Opa: „4 x Schokolade, alles klar.“

to do

12 Mi OKT

„Wer ist das? Ich kenne die Figuren nicht.“ – *Christian Drosten (Auf die Frage, wie er es findet, mit Figuren wie Gandalf und Obi-Wan Kenobi verglichen zu werden.)*

to do

Die sachlichste Art und Weise, eine Diskussion zu beenden, ist abzuwinken und dabei „Papperlapapp“ zu sagen.

Alles ist möglich

Millie Bobby Brown ist auf einem Ohr taub. Davon hat sich der Stranger-Things-Star aber nie bremsen lassen. „Ich fange an zu singen und wenn es sich doof anhört, ist mir das egal, weil ich einfach tue, was ich liebe. Man muss nicht gut singen können. Man muss nicht gut tanzen oder schauspielern können. Wenn man etwas wirklich gerne tut, dann sollte man es tun. Keiner sollte einen aufhalten." True!

13 Do OKT

to do

„Hab dich lieb." - „Mach ich."

„Ich habe mir immer Gedanken über meine Größe gemacht. Aber dann habe ich mir gedacht, lass das, ich bin Harry Potter." - *Daniel Radcliffe*

14 Fr OKT

to do

Harry Potter lehrt uns vieles, z. B. wie wertvoll Freundschaft ist oder dass man einen Keller voller Gold braucht, um sich alle Schulmaterialien leisten zu können.

15 Sa

16 So

10.10. Xherdan Shaqiri (31) **11.10.** Cardi B (30) **12.10.** Josh Hutcherson (30), Zombey (30), Maxim K.I.Z. (38), Hugh Jackman (54) **13.10.** Caleb McLaughlin (21), Jimin (BTS) (27), Paola Maria (29), Coldmirror (38), Sebastian Fitzek (51), Sacha Baron Cohen (51) **15.10.** Bailee Madison (23), Sarah Lombardi (30) **16.10.** Charles Leclerc (25), Mehmet Scholl (52) | Der größte Fehler in der menschlichen Anatomie ist, dass man den Fernseher nicht mehr versteht, wenn man Chips isst.

A B

Waage
24.09.-23.10.

07:42 Uhr
18:25 Uhr

17 Mo OKT

Augen auf! Man kennt es von Huskies: Ein Auge ist blau, das andere braun. Verschiedenfarbige Augen kommen auch bei Menschen vor – allerdings nur bei 1 % der Weltbevölkerung. Grün ist die seltenste Augenfarbe auf der Welt (unter 2 % aller Menschen). Angeblich sollen Menschen mit braunen Augen mit weniger Schlaf auskommen und eher zu Schlafstörungen neigen. Menschen mit grünen Augen wirken sexy, verführerisch und mysteriös. 👁 –

to do

Morgengymnastik: Augen verdrehen.

18 Di OKT

„Perfekt auszusehen ist langweilig. Wenn man anders aussieht, feiert man damit das Menschsein, finde ich. Wenn wir alle symmetrisch und perfekt wären, dann wäre das Leben sehr langweilig." – *Natalie Dormer*

to do

„Ist die Brille ein Accessoire oder notwendig?" – „An mir ist alles ein Accessoire."

19 Mi OKT

Er: „Schickst du mir ein Foto von dir?"
Sie: *macht 300 Selfies* *testet alle Filter* *ist unzufrieden* „Sorry, hab gerade keine Zeit!"

to do

[Fototermin] Fotograf: „So und jetzt sei mal ganz natürlich ..." Ich: *heule Rotz und stopfe kalte Pizza in mich rein* „Soooo??"

Schon gewusst? Ananas bestehen zu 50 % aus A. | Die Wario-Version von Michael „Bully" Herbig heißt Wichael „Opfer" Süßig. | Glatze ist die Abkürzung für glatter Atze. | Witze übers Impfen sind echt Oberarm. | In Deutschland gilt man als Arm, wenn man aus einer Schulter wächst. | Zum Klugscheißen muss man klug sein. Sonst ist es nur ... Okay, i bin weg.

20 Do OKT

to do

Angeblich hat jeder Deutsche sein Smartphone im Schnitt täglich 88-mal in der Hand. Ich, streng genommen, nur einmal.

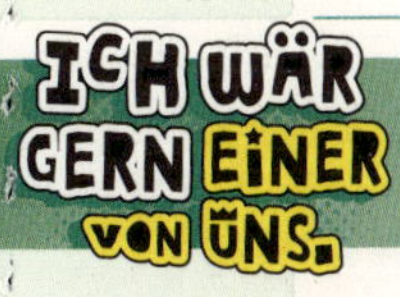

WhatsApp: 0 Nachrichten. Ich: „Niemand schreibt mir."
WhatsApp: 4 Nachrichten. Ich: „Warum muss mir jeder auf den Sack gehen?!"

21 Fr OKT

to do

22 Sa

Häfft

23 So

17.10. Felicity Jones (39), Eminem (50) **18.10.** Tyler Posey (31), Zac Efron (35), Jean-Claude Van Damme (62) **19.10.** Karoline Schuch (41), Jon Favreau (56), John Lithgow (77) **20.10.** Candice Swanepoel (34), Snoop Dogg (51), Stefan Raab (56) **21.10.** Kim Kardashian (42) **22.10.** Shaggy (54), Jeff Goldblum (70), Christopher Lloyd (84) **23.10.** Apache 207 (25), Emilia Clarke (36), Prinz Pi (43), Ryan Reynolds (46), Sam Raimi (63), Pelé (82) | „Legst du das Handy eigentlich auch mal weg?" - „Ja, wenn es klingelt." |

A B

Waage
24.09. - 23.10.

07:54 Uhr
18:11 Uhr

24 Mo OKT
Tag der Vereinten Nationen

Widersprüchliche Signale: Leute tragen Dönershirts, haben Handyhüllen mit „fck nzs" aber äffen Hauptschüler mit „Ey walla i schwör" nach. | Ich, zu anderen: „Sag immer offen deine Meinung!" Ich, zum Kellner, wenn mir das Essen nicht geschmeckt hat: „Ja danke, es war sehr lecker."

to do

„I'll be honest / we all liars" - *Kanye West (Jail)*

25 Di OKT

„Erst wollt' ich Fame und dann wollt' ich, dass es aufhört. Ich wollte, dass es glänzt und jetzt will ich, dass es Staub wird. 5-Sterne-Hotel, doch wär' lieber vor der Haustür. Ich bin ein Star, holt mich raus hier."
- Haiyiti (Holt mich raus hier)

to do

„Ich bin nicht hier, um anderen zu gefallen." 384 Usern gefällt das. „Mist."

26 Mi OKT
Nationalfeiertag (AT)

Wien ist die schönste unfreundliche Stadt der Welt, nicht zuletzt weil man dort unzählige zärtliche Begriffe für seine Mitmenschen kennt, z. B. Trottl, Fetznschädl, Wappler, Pfostn, Voikoffa, Depp, Voidillo, Heisl, Dodl, Doim, Bleampel, Gfrast, Koffa, Kretzn, Nudlaug, Noa, Pücher, Viertlhirn, Saubeidl.

to do

„Die Österreicher sind höflich, sie meinen es aber nicht so." - *Christoph Waltz*

I GOAT u Babe!

Goats sind nicht nur englische Ziegen, G.O.A.T.s sind die „Greatest of All Time". Erfunden hat's der Herr GOAT persönlich, Box-Legende Muhammad Ali, der sich selbst so bezeichnete. Scheinbar sind GOATs Herdentiere: Ob Rapper wie LL Cool J, 2Pac, Biggie, Jay Z oder Nas, Basketballwunder Michael Jordan, Fußballikonen wie Gerd Müller, CR7 oder Lionel Messi; sie alle waren die Größten aller Zeiten (oder zumindestens ihrer Zeit).

27 Do OKT

to do

Wenn Mozart so ein krasser Musiker war, warum hat er dann keinen eigenen Eistee rausgebracht?

Apropos Goat. Zur nordischen Götterwelt gehört die Ziege Heidrun, aus deren Eutern unendlich viel Honigwein strömt. Das gute Tier stand, die Zweige des Weltenbaums verspeisend, auf dem Dach Walhalls. Ansonsten wird sie leider nur einmal erwähnt, als Hyndla Freya mit dem Vorwurf beleidigt, sie sei genauso brünftig wie die Ziege Heidrun. Nicht zu verwechseln mit der mythischen griechischen Ziege Amaltheia, deren Hörner Füllhörner sind.

28 Fr OKT

to do

29 Sa

30 So

Zeitumstellung (- 1 Std.)

24.10. Ilkay Gündogan (32), PewDiePie (33), Drake (36) **25.10.** Katy Perry (38) **26.10.** Emma Schweiger (20), Uwe Gensheimer (36), Seth MacFarlane (49), Sven Väth (58) **27.10.** Dayot Upamecano (24), Leon Draisaitl (27), Jella Haase (30), Bora Dagtekin (44), Farin Urlaub (59) **28.10.** Frank Ocean (35), Joaquin Phoenix (48), Bill Gates (67) **29.10.** India Eisley (29), Lirik (32), Winona Ryder (51) | Was da steht: „Das Wetter am Wochenende wird ungemütlich!" Was ich lese: „Am Wochenende erwartet Sie perfektes Netflix-Wetter!"

A B

Skorpion
24.10.-22.11.

07:06 Uhr
16:58 Uhr

31 Mo OKT
Reformationstag | Halloween

Moderne Märchen Wer fährt so spät durch Nacht und Wind? Der Lieferdienst-Bote und die 19 mit Rind. | Der Casper wo sein soup nicht eatet wird hungry aus dem life geyeetet. | Wäre ich eine Märchenfigur, würde ich eingerollt in meiner Decke liegen bleiben. Sozusagen Wrapunzel.

to do

Rumpelstilzchen: „Hier mein Formular zur Namensänderung." - „Scheint alles in Ordnung zu sein, das akzeptiere ich so." Rumpelstilzchen_1: „Bitte nicht weitersagen."

01 Di NOV
Allerheiligen

„Ich glaube an alles, bis es widerlegt ist. Also glaube ich an Feen, die Mythen, Drachen. Es existiert alles, auch wenn es in deinem Kopf ist. Wer sagt, dass Träume und Albträume nicht so real sind wie das Hier und Jetzt?"
- John Lennon

to do

Warum heißt es Vampir und nicht Neck-Romancer?

02 Mi NOV
Allerseelen

Der kleine Hase kommt in die Metzgerei und fragt: „Brudi, haddu Schweineohren?" Metzger: „Ja." Hase: „Haddu auch Schweinefüße?" Metzger: „Ja." Hase: „Und haddu auch Schweineaugen?" „Ja", schluchzte der Metzger, denn er war ein schreckliches Hybridwesen halb Mensch, halb Schwein.

to do

„Monster sind mehr als schreckliches Aussehen, Klauen und Zähne. Wahre Monster erkennt man an ihren Taten." - *Nivellen (The Witcher)*

FIGHT like a girl!

Och menno! Echte Männer essen kein Obst. Echte Männer essen Fruchtfleisch. | Sie: „Du, der Mülleimer ist jetzt vohoolll." Er: „Ja, stimmt. Nice." | „Wenn du einen Mann wirklich verstehen willst, dann musst du auch denken wie ein Mann." - „Hä?" - „Das ist für den Anfang schon ziemlich gut!" | Männer haben das Armdrücken erfunden, damit sie Händchen halten und Blickkontakt haben können.

03 Do NOV

Weltmännertag

to do

Woran erkennt man männliche Schokolade? An den Nüssen.

Rap Battle. Ich: „Können wir dieses eine Mal zur Abwechslung meine Mutter aus dem Spiel lassen?"
Die Menge rastet aus, als meiner Mutter ein Mic gereicht wird
Meine Mutter: „Ja ja ja ja, heul halt, du Muttersöhnchen! Huh!"

04 Fr NOV

to do

05 Sa

Häfft

06 So

31.10. Willow Smith (22), Liv Lisa Fries (32), Peter Jackson (61) **02.11.** Alphonso Davies (22), Andreas Bourani (39) **03.11.** Kendall Jenner (27), Colin Kaepernick (35) **04.11.** Mercedes Müller (26), Matthew McConaughey (53) **05.11.** AuronPlay (34), BoA (36), Uwe Seeler (86) **06.11.** André Schürrle (32), Emma Stone (34), Ana Ivanović (35), Ethan Hawke (52) | Ich: „Was ist die erste Regel des Beiß Club?" DRACULA: „Beißen?" Ich: „Richtig, Dracula, es ist Beißen." Klapperschlange: *leise zu sich selbst* „I wollt grad Beifen fagen."

A B

Skorpion
24.10.-22.11.

07:17 Uhr
16:46 Uhr

07 Mo NOV

Im Jahr 1688 prägte der 19-jährige Schweizer Doktorand Johannes Hofer den Begriff „Nostalgie". So nannte er das heftige Heimweh, das Schweizer Söldner oft in der Fremde befiel. Eine Ursache für die neue Nervenkrankheit war damals schnell gefunden: Die damaligen Militärärzte gingen davon aus, dass die Söldner an Ohr- und Hirnschäden durch das ständige Kuhglockengebimmel in der Schweiz leiden.

IM HERZEN BARFUSS

to do

Jeder sollte einen Ort haben, an den er jederzeit gerne zurückkehrt. Meiner ist zum Beispiel der Kühlschrank.

08 Di NOV

Kann man so sagen: „Ich fühl mich grad echt niedergeschlagen." – *Yannick (27), wurde grad niedergeschlagen* | „Och menno, ungeschminkt seh ich aus wie 12!" – *Sarah (12)* | „Mir sterben alle Pflanzen. Vielleicht sollte ich keine Kinder haben." – „Ja, Mama." | „Der Lehrer sagte, wir sollen alle klatschen. Also hab ich alle geklatscht." – *Kristoffer (15), sitzt beim Direktor*

to do

Sternekoch: „Mein Schweiß, mein Blut und meine Tränen stecken in jedem einzelnen dieser Gerichte!" Gesundheitsamt: „Sie wissen also, warum wir hier sind."

09 Mi NOV

„Du kannst der reifste, saftigste Pfirsich auf der ganzen Welt sein und es wird immer noch jemanden geben, der Pfirsiche hasst." – *Dita Von Teese*

to do

„Der Apfel schmeckt nach Eistee." – *Kevin (17), isst einen Pfirsich*

Ansagen von der Bahn: „Willkommen an Bord des IC. Das Bordbistro finden Sie im vorderen Zugteil. Hier bekommen Sie Kaffee und andere kalte Getränke." | „Nächster Halt: Gotha. Ihre Anschlüsse: zu Fuß in alle Richtungen." | „For your connections, please listen to se Lautsprecherdurchsage on se Bahnsteig." | „Danke, dass Sie sich für die Bahn entschieden haben. Und falls Sie keine Wahl hatten: trotzdem danke!"

10 Do NOV

to do

Welche Zeitform ist „Der Bus war pünktlich"? Buskamperfekt

NOV 45

07.11 — 13.11

„Danke für deinen Rezept-Tipp! 😍 Ich habe statt Kalbfleisch Fischstäbchen verwendet, statt Gemüsebrühe Essigwasser, die Karotten durch Avocados ersetzt und statt eines Schmortopfes ein Nudelsieb benutzt. Aber wenn ich ehrlich bin, hat mir dein ‚Spezialrezept' irgendwie nicht wirklich geschmeckt." ☹

Martinstag | Karnevalsbeginn

11 Fr NOV

to do

12 Sa

13 So

Volkstrauertag

Häfft

07.11. Lorde (26), Murathan Muslu (41), Diana Amft (47), David Guetta (55) **08.11.** Tara Reid (47), Gordon Ramsay (56) **09.11.** French Montana (38), Massiv (40) **10.11.** Kiernan Shipka (23), Taron Egerton (33), Tracy Morgan (54), Roland Emmerich (67) **11.11.** Philipp Lahm (39), Leonardo DiCaprio (48) **12.11.** xOc (27), Anne Hathaway (40), Ryan Gosling (42), Alexandra Maria Lara (44) **13.11.** Gerard Butler (53), Jimmy Kimmel (55) | Ich beim Auflegen: „Klar erfüll ich Musikwünsche." Er: „Dann hör bitte auf aufzulegen."

A B

Skorpion 24.10.-22.11.

07:29 Uhr
16:35 Uhr

14 Mo NOV

Dinge geschehen: Leute kochen Curryketchup mit Currypulver auf und nennen es stolz „Geheimrezept“ ihrer selbstgemachten Currywurstsoße. | Rapper denken, sie hätten die Specialsauce, dabei war der Senf nur zu lang in der Sonne. | Leute finden drei Minuten Sprachnachrichten zu lang, aber kochen 48 Stunden Bolognese. | Wenn ich krank bin, esse ich eine Pizza von Dr. Oetker und werde wieder gesund, weil das ein Arzt ist. 😎

to do

„Ketchup oder Mayo?“ - „Ja, gerne.“ - „Ja, was?“ - „Ja Sir, Herr Pommesbudenbesitzer, Sir!“

15 Di NOV

St. Leopold (AT)

Mehr als nur 1 Job: „Kein Bock, jeden Tag auf den Putz zu hau'n.“ *- Manfred (43), frustrierter Maurermeister* | „Ich lasse jedes Wochenende die Sau raus.“ *- Heinz (53), Bauer* | „Arbeiten in diesem Saftladen hier eigentlich nur Versager?“ *- Horst (32), im Homeoffice* | „Wir werden Seen.“ *- Gletscher (?), nimmt den Klimawandel gelassen*

On fleek!

to do

„ICH DREHE KOMPLETT DURCH!“ - *Schraube, fassungslos*

16 Mi ☾ NOV

Buß- und Bettag

„Wir alle haben zwei Leben. Das Zweite beginnt, wenn du realisierst, dass du nur eines hast.“
- Tom Hiddleston

LEBEN
als Gesamtkunstwerk

to do

3 m Ladekabel bestellt. Man will ja auch mal ins Freie und was erleben. ☝

Warte kurz, LASS MICH DAS ZERDENKEN!

Der geniale Forscher Stephen Hawking hat einmal eine Party für alle Zeitreisenden der Welt veranstaltet. Die öffentliche Einladung dazu sprach er allerdings erst Tage nach dem Termin für das rauschende Fest aus. Natürlich war niemand zu seiner spektakulären Festivität gekommen. Für Hawking ganz klar der Beweis: Zeitreisen werden so schnell leider nicht möglich sein.

17 Do NOV

Weltstudententag

to do

Meine Zeitreisefantasien handeln schon seit geraumer Zeit nur noch von der Vergangenheit.

Sokrates: „Ich bin weiser als dieser Mann; er glaubt etwas zu wissen, obwohl er nichts weiß."
Manfred (Sokrates' bester Bro): „YÜÜÜAAAH MANN, RRRASIER IHN, SOCCI, SHEEEEESH!"

18 Fr NOV

to do

19 Sa

Häfft

20 So

Ewigkeitssonntag

14.11. Travis Barker (47), Josh Duhamel (50), Charles, Prince of Wales (74) **15.11.** Shailene Woodley (31) **16.11.** Maggie Gyllenhaal (45), Shigeru Miyamoto (70) **17.11.** Rachel McAdams (44), RuPaul (62), Martin Scorsese (80) **18.11.** Melanie Behringer (37), Owen Wilson (54), Marusha (56), Alan Moore (69), Micky Maus (94) **19.11.** Tyga (33), Adam Driver (39), Jodie Foster (60), Calvin Klein (80) **20.11.** Jüli Mery (25), Juju (30), Future (39), Kurt Krömer (48), Florian David Fitz (48) | 🙈🙊🙉

A | B

Skorpion
24.10.-22.11.

07:41 Uhr
16:26 Uhr

21 Mo NOV

„Das Denken ist, ‚Fußballer sind Helden und richtige Männer. Und richtige Männer sind nicht schwul!' Natürlich gibt es in einem Fußballstadion Schwulenhasser, aber letztlich wird es den Fans egal sein, ob ein guter Spieler schwul ist oder nicht, wenn er nicht gerade mit dem Spitzenhöschen auf dem Feld herumläuft." – *Harald Glööckler*
Heute beginnt die unumstritten winterlichste WM ever im herzerwärmend progressiven Qatar. Gut Kick, hauste rein! 🤥

to do

„Warum gab's jetzt Elfmeter?" – „Wegen einer Schwalbe." – „Ein Vogel war auf dem Spielfeld?" – „Ein Spieler ist gestolpert." – „Über die Schwalbe?"

22 Di NOV

„Ich habe als Kind immer gedacht, dass der Lotoma heißt und Thäus mit Nachnamen. Dann habe ich im Fanshop angerufen und gesagt, ich hätte gern ein Trikot mit der 10 Lotoma. Und da haben die gesagt, es gibt keinen Lotoma." – *Julian Nagelsmann (als Kind Lothar-Matthäus-Fanboy)*

Find your HERO!

to do

23 Mi NOV

Dieser Moment, wenn man im Supermarkt nichts kauft, an der Kasse vorbei aus dem Laden läuft und sich denkt: „Jetzt nur nicht kriminell aussehen." | Wenn wir morgen in der Klausur nicht Mario Kart spielen, habe ich den heutigen Tag vielleicht nicht ganz optimal genutzt. ☹ | Nichts ist schlimmer als gezwungen zu werden, sich ein Video auf dem Handy eines anderen anzuschauen und drei Minuten lang so tun zu müssen, als wäre es lustig. 😫

Wer bin ich? Und wieso so früh?

to do

Das Schlimmste an Online-Unterricht ist, dass man nach Hause will, obwohl man schon zu Hause ist.

Contentwarning für deinen nächsten Hotdog! Dass Wiener Würstchen von einem Schweinedarm umhüllt sind, ist allgemein bekannt. Weniger bekannt: Die meisten Därme deutscher Schweine werden nach China verschifft, um dort in Fließbandarbeit gereinigt zu werden. Die gesäuberten Därme werden dann wieder nach Deutschland zurück geschickt, um in der Heimat lecker Wiener made in Germany zu werden. Gudn Hunger & Happy Ökobilanz!

24 Do NOV

to do

Uber-Fahrer: „Wird schon ganz schön schnell dunkel jetzt." Ich: „Bitte mach die Augen auf!"

Cringewatching max plus „Wann gehst du ins Bett?" - „Wenn Werbung kommt." - „Das ist Netflix." - „Ja." | TV-Tipp: Das Intro zu überspringen zählt nicht als Workout nur weil es das Wort „springen" beinhaltet. | „Bingewatching ist, wenn du mindestens drei Folgen einer Serie am Stück guckst." - „Du meinst Staffeln?" | Untertitel: ☐ Fremdsprachiger Film ☐ Die Charaktere nuscheln ☑ Ich esse Chips

25 Fr NOV

to do

„Kannst du kurz Pause drücken?" - „Es sind doch nur noch zwei Staffeln."

26 Sa

Kauf-nix-Tag

27 So

1. Advent

21.11. Nickmercs (32) **22.11.** Jamie Campbell Bower (34), Scarlett Johansson (38), Mark Ruffalo (55), Boris Becker (55), Mads Mikkelsen (57), Jamie Lee Curtis (64) **23.11.** Alexis Ren (26), Capital Bra (28), Miley Cyrus (30), Julien Bam (34) **24.11.** Marco Wittmann (33), Katherine Heigl (44), Azad (49) **25.11.** Joey Chestnut (39), Xabi Alonso (41), Christina Applegate (51) **26.11.** Rita Ora (32), DJ Khaled (47) **27.11.** Lashana Lynch (35), Jil Sander (79) | Dad: „Nenene, Ihr bekommt erst Disney+, wenn ihr euer Netflix zu Ende gesehen habt!"

A | B

Schütze
23.11.-21.12.

07:52 Uhr
16:18 Uhr

28 Mo NOV

„Einen Kaffee bitte." - „To go?" - „Nein, to stolper und kipp ons T-Shirt, please! Und with Extraschaum." | Kaffee gemacht. Tasse aus dem Schrank genommen. Kaffee eingeschenkt. Tasse wieder in den Schrank gestellt. Ich brauch 'ne Pause. | [Vorm Kaffee] „Sprich mich nicht an!" [Nach dem Kaffee] „Bitte sprich mich nicht an!" | Es gibt Momente, da sollte man sich keine Gedanken machen. Sondern Kaffee.

to do

„Wie hätten Sie Ihren Kaffee gern?" - „Wie meinen Humor!" - „Flachen Kaffee haben wir nicht!"

29 Di NOV

#upcycled Szenario: Du brauchst ihn, sofort. Deinen Lieblingsohrring, Earbud, Footballhelm, was auch immer. Doch leider versteckt sich der nervige Gesell in den dunklen Untiefen unter deinem Bett. Der Lifesaver: Einfach eine Socke ohne Loch über das Staubsaugerrohr ziehen und gut festbinden. Jetzt systematisch unterm Bett saugen. Was du suchst (und noch das ein oder andere Zusatzfundstück), landet garantiert festgesaugt an der Socke. 😁

to do

30 Mi NOV

„Ich wollte auch zu den coolen Jungs gehören, aber ich bin immer klar im Kopf geblieben, bin zur Schule gegangen und zum Training. Ich wusste: Jeder entscheidet selbst darüber, welchen Weg er einschlägt."
- Antonio Rüdiger

to do

„Als ich die Schule fertig hatte, sagte der Direktor zu mir: ‚Ich hoffe, Sie können was mit Fußball machen, sonst sehe ich schwarz für Ihre Zukunft.'" - *Jürgen Klopp*

Unglaubliches soll sich in den 40er-Jahren in Brasilien zugetragen haben: Ein Spieler schoss einen Elfmeter derart fest, dass es den Ball regelrecht zerfetzt hat. Ins Netz flog nur eine Gummiblase, während das Leder das Tor verfehlte. Nach einigen Minuten gab der Schiedsrichter ein „halbes Tor". Da keine weiteren Treffer fielen, endete das Spiel 0,5:0.

01 Do DEZ

Welt-Aids-Tag

to do

Fußballsprache ist entweder Krieg (Verteidigungslinie, Zweikampf, überrennen) oder Magie (Trickkiste, zaubern), wie so ein cooler, mystischer Zaubererkrieg, ich liebe es.

News vom Postillon: Jeder isst sich selbst, der Nächste! Sadistischer Psychiater gibt Kannibalen fragwürdige Tipps. | Macht die Räume eng: Ehemaliger Fußballer versagt als Architekt. | Kann er direkt in die Tonne kloppen: Steeldrum-Spieler komponiert mieses Solostück. | Lauter Stockfotos: Imker bastelt billige Homepage. | Führt ein Lotharleben: Ex-Fußballstar war fünfmal verheiratet. | Muss sich wohl Uber geben: Betrunkener findet kein Taxi.

02 Fr DEZ

to do

Habe meine weite Hose wiedergefunden. War gar nicht weg. Ist jetzt die enge Hose. 😎

03 Sa

Tag der Menschen mit Behinderung

04 So

2. Advent

28.11. Emilia Schüle (30), Karen Gillan (35) **29.11.** Anna Faris (46), Don Cheadle (58) **30.11.** Lost Frequencies (29), Kaley Cuoco (37), Sido (42), Ben Stiller (57), Ridley Scott (85) **01.12.** Alina Mour (21), Sophia Flörsch (22), Joris (33), Zoë Kravitz (34) **02.12.** Toni Mahfud (28), Rewinside (30), Britney Spears (41), Yvonne Catterfeld (43), Lucy Liu (54) **03.12.** Lil Baby (28), Daniel Abt (30), Jennifer Weist (36), Amanda Seyfried (37), Sıla Şahin (37) **04.12.** Jin (BTS) (30), Marteria (40), Tyra Banks (49), Jay Z (53), Marisa Tomei (58)

A | B

Schütze 23.11.-21.12.

08:02 Uhr
16:13 Uhr

05 Mo DEZ

Die derbsten Sprüche von Fussballlegende Zlatan Ibrahimović: „Ich brauche nicht zu träumen. Ich bin der Traum." | „Wer mich kauft, kauft einen Ferrari. Wer einen Ferrari kauft, fährt auf die Autobahn und gibt Vollgas." | „Zlatan ist auch nur ein Mensch. Genauso wie ein weißer Hai auch nur ein Fisch ist." | „Nichts. Sie hat ja schon Zlatan." (Auf die Frage, was er seiner Partnerin Helena Seger zum Geburtstag schenkt)

Thank God for me!

to do

„Chelsea wird mich nie unter Vertrag nehmen, ich habe mehr Trophäen als Chelsea. Ich sollte Chelsea unter Vertrag nehmen." - *Zlatan Ibrahimović*

06 Di DEZ Nikolaus

Wenn ich Schokolade sehe, höre ich zwei Stimmen in mir. Die eine sagt: „Iss sie!" Die andere sagt: „Hast du gehört? Du sollst sie essen!"

to do

Lieber Nikolaus, definiere unartig!

07 Mi DEZ

Die Legende besagt, dass die Fangesänge in Fußballstadien in Liverpool erfunden wurden. Bei einer Partie war es wohl so neblig, dass man nur bis zum Mittelkreis sehen konnte. Als ein gegnerischer Spieler den Ball zum Anstoß trug, wussten die Liverpooler, dass ein Tor gefallen sein musste und riefen: „Who scored the goal?" Die Gegentribüne antwortete „Heatley scored the goal!".

MAKE SOME NOISE!

to do

„Wie viele Teams spielen im Achtelfinale?" - „Acht." „Viertelfinale?" - „Vier." - „Halbfinale?" - „Zwei." - „Finale?" - „Eins." - „Wir melden uns."

SAMMA... HACKTS?

Freak, wer sein Handy nicht lautlos gestellt hat! | Psychopath, wer eine andere Lieblingsherdplatte hat als die links vorne. | Geisteskrank, wer bei „Dazu passt Reis oder ein Salat" nicht sofort denkt „Witzig, wie die Pommes schreiben". 😳 | Freak sein Vater, wer noch nie „HALLOOHO" brüllend den Drucker verkloppt hat!

08 Do DEZ

Mariä Empfängnis (AT, CH)

to do

Der normalste Mensch, den du kennst: „Sorry, bin ein bissl crazy.^^"

DEZ 49

05.12 — 11.12

„Gegen Klimaschutz sein, weil die Maßnahmen nicht das Wirtschaftswachstum fördern, ist wie ohne Torwart Fußball spielen zu wollen, weil Neuer so selten ein Tor schießt." – *Hazel Brugger*

09 Fr DEZ

to do

10 Sa

Tag der Menschenrechte

11 So

3. Advent

06.12. Naomi Jon (26), Ann-Kathrin Götze (33) **07.12.** Nicholas Hoult (33), Emily Browning (34) **08.12.** Raheem Sterling (28), Nicki Minaj (40), Teri Hatcher (58) **09.12.** Hazel Brugger (29), Simon Helberg (42), John Malkovich (69), Judi Dench (88) **10.12.** Eligella (25), Teyana Taylor (32), Brian Molko (50), Kenneth Branagh (62), Cornelia Funke (64) **11.12.** Hailee Steinfeld (26), Alexander „Sascha" Koslowski (36) | Wer steht im Tor und hat Wahnvorstellungen? Para Neuer

A B

Schütze 23.11.-21.12.

08:10 Uhr
16:11 Uhr

12 Mo DEZ

Noch mehr schräge Vögel im Internet? Neuseeländische Biologen haben Keas beigebracht, Touchscreens per Zunge zu bedienen. Dafür bestrichen sie Tablets mit Erdnussbutter und beobachteten, wie die Vögel Töne und Bilder wahrnehmen. Die Keas leckten über die Displays und reagierten auf Veränderungen. Die Forscher versuchen so, die in Gefangenschaft geborenen Vögel mit diesem Gehirntraining auf das Leben in der Wildnis vorzubereiten.

to do

Sätze, die Vögel nicht hören wollen. Heute: „Jetzt aber mal raus aus den Federn."

13 Di DEZ

Halbwissen: Lancelot hasste Laufen, deshalb Ritter. | England heißt England, weil es an der breitesten Stelle 150 cm breit ist. | In Großbritannien heißt Instagram korrekterweise Insta0,035274ounces. | In England ist die korrekte Schreibweise von „booster shot" übrigens „borchestershire shot".

to do

Das Wort „aufstehen" kommt aus dem Lateinischen und bedeutet „bereit sein, das Smartphone vom Ladegerät zu trennen".

14 Mi DEZ

Fairplay im Fußball kann manchmal skurrile Züge annehmen. Das bewies Schiedsrichter Andy Wain bei einem unterklassigen Fußballspiel in England. Als ein Spieler sich lautstark über eine Entscheidung beschwerte, verlor der Unparteiische die Beherrschung, beleidigte den Spieler und forderte ihn sogar zum Faustkampf heraus. Kurz vor der endgültigen Eskalation griff Wain konsequent durch und zeigte sich selbst die Rote Karte.

to do

„In einer Welt, die verrückt spielt, ist nur ein Irrsinniger wahrhaft geisteskrank." - *Homer Simpson*

„Wenn ich für unser Land spielen darf, möchte ich für unsere Werte und Verfassung spielen, nicht für ein Land, das in Geschichte nicht aufgepasst hat. Schwarz-Rot-Gold sind die Farben unserer Demokratie, nicht der Rechten!“ - *Leon Goretzka*

15 Do DEZ

DEZ 50

12.12 — 18.12

to do

„Die deutsche Nationalmannschaft ist überlegen!“ - „Die sollen nicht überlegen, die sollen Fußball spielen!“

Freundin: „Du postest unsere Gespräche auf Twitter?“ Ich: „Ja, manchmal.“ Sie: „Ich wette, du erfindest Dinge dazu, damit sie interessanter werden.“ Dwayne „The Rock“ Johnson: „Ja lol, das wette ich auch!“ Ich: „Bitte halt dich da raus, Dwayne!“

16 Fr DEZ

to do

17 Sa

18 So

4. Advent

12.12. Elif (30), Mayim Bialik (47), Jennifer Connelly (52) **13.12.** Inscope21 (28), Taylor Swift (33), Jamie Foxx (55), Steve Buscemi (65), Heino (84) **14.12.** Vanessa Hudgens (34), Bela B. (60) **15.12.** Ema Louise (24), Lina Larissa Strahl (25), Adam Brody (43) **16.12.** Mats Hummels (34), Haftbefehl (37), Paul van Dyk (51) **17.12.** Milla Jovovich (47), Papst Franziskus (86) **18.12.** Billie Eilish (21), Ashley Benson (33), Christina Aguilera (42), Katie Holmes (44), Sia (47), Brad Pitt (59), Steven Spielberg (76) |

A | B

Schütze
23.11.-21.12.

08:17 Uhr
16:11 Uhr

19 Mo DEZ

Dinge, die die Welt nicht braucht: In den 1930ern wurden Postraketen entwickelt, um die Zustellung von Briefen zu erleichtern. Im Nachhinein eine mittelgute Idee. Nicht nur die extremen Kosten der Postgeschosse wurden kritisiert, beim Praxistest erwiesen sich die Raketen als echte Rohrkrepierer: Die in Graz abgefeuerten Briefe verfehlten ihren Zustellungsort um satte fünf Kilometer.

to do

20 Di DEZ

Füße ho ho hoch, die hier kommen flach: Wie nennt man einen sehr dünnen Weihnachtsmann? Nikolauch. | „Dieses Reptil macht mir dauernd Angebote." - „Ja, das ist ein Krokodeal." | „Was muss man eigentlich studieren, wenn man Yogalehrer werden will?" - „Matte." | Rezept für Rosenkohl: 1 Rosen, 1 Kohl, fertig!

to do

„Ist das hier die Selbsthilfegruppe für Weihnachtsgebäckverzierfanatiker?" - „Such dir ein freies Plätzchen und los geht's!"

21 Mi DEZ Winteranfang

„Was für eine komische Zeit ist das grad, in der sich jedes öffentliche Bekenntnis zu mehr Menschlichkeit anfühlt wie eine Werbekampagne."
- LGoony

to do

„Omg, der Wald schimmelt." - „Das ist Schnee, Kevin."

22 Do DEZ

Geschenkt! „Ich habe ein Geschenk für dich." - „Ooooh, war es sehr teuer?" - „Nein, nein, nicht wirklich." - „Dann will ich es nicht." | Beim Verpacken von Geschenken gilt: Wenn man das Geschenk nicht mehr sieht, gilt es als eingepackt. | „Sag mal, welcher Film gehört denn für dich einfach untrennbar zur Weihnachtszeit? Der kleine Lord? Ist das Leben nicht schön? Drei Haselnüsse für Aschenbrödel?" - „Tesafilm."

to do

Wieso heißt es X-mas aber nicht Y-nachten?

23 Fr DEZ

Deep thoughts: Wer bist du, wenn du niemand sein musst? | Wenn man eine Socke auf links dreht und anzieht, dann hat das ganze Universum die Socke an. Nur man selbst nicht. | Warum kann man bei schlechtem WLAN YouTube gerade mal so auf 144p laden, aber wenn dann die Werbung kommt, instant 4K Ultra HD? 🤪 | Zum Glück mussten Josef und Maria nicht in die EU. 🤭

to do

guckt raus *zieht Jacke an* *zieht Handschuhe an* *zieht Bommelmütze an* *geht ins Bett*

24 Sa

Heiligabend

Häfft

25 So

1. Weihnachtstag

DEZ 51

19.12 — 25.12

19.12. Jake Gyllenhaal (42), Samy Deluxe (45), Til Schweiger (59) **20.12.** Kylian Mbappé (24), Jonah Hill (39) **21.12.** Chefket (41), Kiefer Sutherland (56), Samuel L. Jackson (74) **22.12.** DaBaby (31), Ralph Fiennes (60) **23.12.** Finn Wolfhard (20), Rebecca Mir (31), Bonez MC (37) **24.12.** Louis Tomlinson (31), Nura (34) **25.12.** Nimo (27), Armin van Buuren (46), Annie Lennox (68) | Wenn mir langweilig ist, erzähle ich Rassisten, dass der Weihnachtsmann Nordpole ist. | 9 von 10 Enten empfehlen dir Rindersteak zu Weihnachten.

A B

Steinbock
22.12.-20.01.

08:20 Uhr
16:14 Uhr

26 Mo DEZ
2. Weihnachtstag | Stefanitag (AT)

Techno ist wie Schule. Wer es nicht versteht, bleibt sitzen. | Diese Rapper sagen immer: „Ihr wisst Bescheid!“ Ich weiß gar nicht Bescheid, was is'n? | Jahr für Jahr sein Ego langsam und behutsam aufbauen, nur um es dann wieder vom Spotify-Jahresrückblick zerstören zu lassen. | Alles hat ein Ende nur der Rave hat keins.

to do

„Die Musik steckt nicht in den Noten. Sondern in der Stille dazwischen.“ - *Wolfgang Amadeus Mozart*

27 Di DEZ

Musik hören beinflusst nicht nur unsere Stimmung, sondern auch Herzschlag, Blutdruck und Atemfrequenz. Die Körperfunktionen des Menschen laufen in der Regel bei circa 72 Herzschlägen pro Minute ab. Musik mit mehr als 72 Beats pro Minute (bpm) aktiviert das Körpersystem, putscht auf, verbessert die Stimmung und Leistungsfähigkeit. Langsame Musik unter 72 bpm (vor allem Klassik) hat eine beruhigende Wirkung.

to do

28 Mi DEZ

Von der beruhigenden Wirkung der Musik weiß sogar Donald Trump. Während seiner Zeit als US-Präsident hatte der notorische Choleriker einen ganz speziellen Assistenten. Der „Music Man“ hatte die Aufgabe, den Präsidenten nach seinen Wutanfällen mit ausgewählten Songs wieder runterzubringen. Trumps favourite Entspannungssong: „Memory“ aus dem Musicalklassiker „Cats“. Warum dann nicht gleich „Let it go“?

to do

„Du kannst doch nicht ein und dasselbe Lied 30 Mal hintereinander hören!“ - „Sagt wer?“

1981 staunten die Bewohner der Trierer Innenstadt nicht schlecht. Statt Leitungswasser floß plötzlich Sekt aus ihren Wasserhähnen. Die Sektkellerei Bernard-Massard hatte die Leitung zwischen Sekttank und dem Wassernetz beim Abfüllen ihrer „Herrenklasse trocken" nicht vorschriftsmäßig gekappt.

29 Do DEZ

to do

[Eigene Party] Pro: ✓Nur geile Musik. Contra: ✓Man kann nicht abhauen, wenn man keinen Bock mehr hat.

PAST
PRESENT
FUTURE

„Finde kein Ende, von Level zu Level, von Tempel zu Tempel! Nein, das sind keine Tattoos, das sind alles nur Stempel." – *Marteria (Paradise Delay)*

30 Fr DEZ

to do

Kaum zu glauben, dass die Erde schon 2023 Jahre alt wird.

31 Sa

Silvester

01 So

Neujahr

26.12. Lisa-Marie Koroll (25), Kit Harington (36), Beth Behrs (37), Johannes Oerding (41), Jared Leto (51), Lars Ulrich (59) **27.12.** Timothée Chalamet (27), Olivia Cooke (29) **28.12.** Martin Kaymer (38), Sienna Miller (41), Denzel Washington (68) **29.12.** Jane Levy (33), Alison Brie (40), Jude Law (50) **30.12.** Bugha (20), V (BTS) (27), Ellie Goulding (36), LeBron James (38), Tyrese Gibson (44), Thomas D (54) **31.12.** Lance Reddick (60), Ben Kingsley (79), Anthony Hopkins (85) **01.01.** Grandmaster Flash (65)

A B

Steinbock
22.12. - 20.01.

08:22 Uhr
16:20 Uhr

02 Mo JAN

Neue Ideen! Statt den Mars zu terraformen, könnten wir auch einfach aufhören, die Erde zu marsformen. | Anwalt für Genderfragen: Innenverteidiger. | Lieferandom, man kriegt einfach irgendwas geliefert. | Tandem mit entgegengesetzten Satteln, wer am stärksten tritt, bestimmt die Fahrtrichtung. | Deutsche Post umbenennen in Brieferando. | Wie fändet ihr, wenn wir alle mehr Emojis benutzen statt Wörter? Ich fänd's 🔨!

to do

Bucketlist: Sich auf Katze umschulen lassen.

03 Di JAN

„Wenn ich Ideen habe, höre ich nicht mehr auf, bis die Ideen aufhören, denn dieser Zug fährt nicht alle Tage."
– Dr. Dre

No Limits

to do

Erfinder des Messers: „Das ist die großartigste Erfindung seit zerrissenem Brot."

04 Mi JAN

Bei der Vorstellung des Prototypen seines menschenähnlichen Roboters erwähnte Tesla-CEO Elon Musk scherzhaft, dass der neue Tesla-Roboter eine eingebaute Schwachstelle enthält. Damit Menschen vor ihm wegrennen können, ist der Roboter nicht sehr schnell auf seinen künstlichen Beinen. Wie beruhigend. 😲

to do

Wenn du ein Bügeleisen bist, hör nie auf daran zu glauben, dass du auch ein Waffeleisen sein könntest.

DO! THE RIGHT THING!

Science-Fiction-Autor: „Den unendlichen Qual-Kompensator, der in meinem Buch vorkommt, habe ich damals als warnendes Beispiel erdacht.“ Tech-Gigant: „Nach jahrelanger Forschung ist es uns endlich gelungen, den unendlichen Qual-Kompensator aus dem legendären Sci-Fi-Epos ‚Entwickle bloß nicht nicht den unendlichen Qual-Kompensator‘ zu entwickeln.“ 😎👍

05 Do JAN

to do

Ich wünschte, ich könnte meinen Körper ins Fitnessstudio bringen und dann einfach wieder abholen, wenn er Maschine ist.

You are golden!

„Was schenkt ihr?“ - „Myrrhe.“ - „Weihrauch.“ - „Hm.“ - „Du?“ - „Gold.“ - „WTF!“ - „Dein Ernst? Wir hatten ein Preislimit!“ - „Leute, das ist doch nur ein bisschen Gold.“ - „WTF, ey leck mich, Casper!“ - „Ja, einfach uncool!“

06 Fr JAN

Heilige Drei Könige

to do

07 Sa

08 So

Dein Geburtsmonat gönnt dir dein Horn fürs nächste Jahr! 😁

02.01. Tfue (25), MoAuba (26), Cuba Gooding Jr. (55) **03.01.** Greta Thunberg (20), Florence Pugh (27), Heiko Schaffartzik (39), Veysel (39), Michael Schumacher (54) **04.01.** ELoTRiX (31), Toni Kroos (33), Till Lindemann (60) **05.01.** Sophie Passmann (29), Paluten (35), Bradley Cooper (48), Markus Söder (56), Uli Hoeneß (71) **06.01.** Sandro Cortese (33), Eddie Redmayne (41) **07.01.** Nico Santos (30), Sturmwaffel (31), Lyndsy Fonseca (36), Lewis Hamilton (38), Nicolas Cage (59) **08.01.** Noah Cyrus (23), Rachel Cook (28) |

A B

Steinbock 22.12.-20.01.

08:20 Uhr
16:28 Uhr

09 Mo JAN

Der Ortsvorsteher der friedlichen, kleinen Gemeinde Killer im Zollernalbkreis hat ein ganz spezielles Problem. Immer wieder stehlen Scherzbolde die Ortsschilder des Dörfchens. Es nütze auch nichts, die Schilder noch besser zu sichern oder zu verankern. „Das haben wir schon versucht. Das hat nur dazu geführt, dass die Diebe das Schild mitsamt dem Pfosten mitgenommen haben." Irgendwie kein Wunder: Der Name ist einfach Killer. 😍

to do

10 Di JAN

What's in a name? „Sersn, Ich bin der Tobi. Großes T. Kleiner Baumarkt." | „Wer ist das denn?" Dustin: Ich!" | Ich: *erzähle Witz* SARA: „Haha!" SARAH: „Hahah!" | „Mein Name ist Oliver. Wie in Brokkoliverschwendung." | „Mama, war ich als Kind sehr anstrengend?" – „Wie kommst du denn darauf, Stressica?" 🤓

to do

„Hallo, ich bin Martin. Wie in Riesenkalmartinte. Und wie heißt du?" – „Ute. Wie in Spuckbeutel."

11 Mi JAN

„You know you're dead to me when I remove the emojis out of your name in my phone." – *Pokimane*

to do

„Ich bin der Felix, und du?" – „Dito." – „Ach, dann heißen wir ja gleich." – *Dieter (25), aus Sachsen, heißt ab jetzt Felix*

Die ganze Welt kennt Billie Eilish. Offziell hört die amerikanische Popsensation auf den besonders klangvollen Namen Billie Eilish Pirate Baird O'Connell. Ihren spektakulären Drittnamen „Pirate" hat sie ihrem Bruder Finneas zu verdanken. Scheinbar hatten so manche Promis kreative Namensgeber, z. B. Daniel Wrouthon Craig, Elton Hercules John, Jennifer Shrader Lawrence oder Ralph Nathaniel Twisleton-Wykeham-Fiennes.

12 Do JAN

to do

„Mein Name ist Elsa, wie in Kartoffelsalat."

Namen wie Schall & Rauch: Almans finden ausländische Namen zu kompliziert, aber heißen dann Yannick, Yanik, Yanick, Jannick, Janik und Janick. Realtalk: Hubert ist auch nur ein erschrockener Bert, Elena nur eine elektrisch betriebene Lena, Walter nur wireless Alter und Ingeborg nur eine Oma mit Cyber-Implantaten. Aber egal, an der Gegensprechanlage heißen wir alle „Ich bin's!".

13 Fr JAN

to do

Freitag der 13. ist immer noch besser als Montag der egal-wie-vielte.

14 Sa

Häfft

15 So

09.01. Álvaro Soler (32), Kate Middleton (41) **11.01.** Leroy Sané (27), Ischtar Isik (27), Mark Forster (40) **12.01.** Zayn Malik (30), Jeff Bezos (59) **13.01.** Natalia Dyer (28), Henning May (31), Liam Hemsworth (33), Josefine Preuß (37), Joko Winterscheidt (44), Orlando Bloom (46) **14.01.** Dave Grohl (54), Jason Bateman (54) **15.01.** Samra (28), Max von der Groeben (31), Skrillex (35), Pitbull (42) | „Servus, ich bin der 14-Uhr-Termin!" - „Hi. Vorname ist ok?!" - „Klar." - „Okay 14 Uhr, was gibt's?"

A B

Steinbock
22.12.-20.01.

08:16 Uhr
16:37 Uhr

16 Mo JAN

Andere Leute sind Lava!

„Wenn die/der sich nie meldet, dann bin ich wohl nicht wichtig." Auf solche Gedanken kann man leicht kommen. Die meisten wollen sich einfach nicht aufdrängen, sind nur zu verpeilt, von der Welt genervt, mental überlastet, im Stress, ein bissl stumpf oder was auch immer. Es bedeutet viel seltener Geringschätzung, als wir denken. Am besten einfach mal selber melden, oder vielleicht besser doch nicht? 😵

to do

Ich möchte ein Date haben, ich möchte aber auch kein Date haben.

17 Di JAN

OMG shut up, PLZ!

Mädels: *haben 1/19 ihres Gesichts als Profilbild*
Jungs: „Du bist voll schön!" 😍 🙈 😍

to do

18 Mi JAN

YOU MATTER!

„Don't you ever let a soul in the world tell you that you can't be exactly who you are."
- Lady Gaga

to do

Du bist so süß wie Stuttgart ohne „t".

Flirten kann ich! „Kommst du noch mit hoch in die Wohnung?" - „Das ist meine Wohnung!?" - „Also ja!" | „Ey Puppe, wie heißt du?" - „Chucky, und jetzt zisch ab!" | „Oha, eine Sternschnuppe, schnell, wünsch dir was!" - „Heirate mich!" - „Ach ne, war glaub ich doch nur ein Flugzeug."

19 Do JAN

to do

„Kommst du noch mit hoch, ich geb dir meinen Müll mit."

„Puuuh, das regnet ja ganz schön." - „Ich weiß." - „Wir könnten vielleicht noch ein bisschen Musik hören und kuscheln und wenn's weniger wird, geh ich los?" - „Bitte verlassen Sie jetzt den Bus."

20 Fr JAN

to do

Hey Baby, bist du ein Pickel, weil ich weiß, ich sollte dich wirklich besser in Ruhe lassen, aber ich will dich drücken. 😃😍🤪🙄

21 Sa

Weltknuddeltag

22 So

16.01. Kate Moss (49) **17.01.** Mustafa Gölbasi (20), Calvin Harris (39), Zooey Deschanel (43), Benno Fürmann (51), Michelle Obama (59) **18.01.** Angelique Kerber (35), Jason Segel (43), Pep Guardiola (52), Kevin Costner (68) **19.01.** Matthias Ginter (29), Logan Lerman (31) **20.01.** Mike Singer (23), Evan Peters (36), Omar Sy (45) **21.01.** Wincent Weiss (30), Aura Dione (38) **22.01.** Tim Mälzer (52) | „Moaaah, ich will was Flauschiges zum Kuscheln!" - „Schau doch mal ganz hinten im Kühlschrank nach."

A | B

Steinbock
22.12.-20.01.

08:10 Uhr
16:48 Uhr

23 Mo JAN

Gameweisheiten: „Mut ist nicht die Abwesenheit von Angst, sondern der Triumph darüber." - *G'raha Tia (FF 14)* | „Halte deine Erwartungen niedrig, Junge, und du wirst niemals enttäuscht sein." - *Kratos (God of War 2018)* | „Kämpfe nicht um den Sieg, kämpfe, um dich zu verbessern. Der Sieg wird kommen." - *Ryu (Street Fighter)* | „Was einem niemand über einen Frostthron erzählt, ist, wie schnell man daran festfriert." - *Arthas (HOTS)*

to do

Ich: „Sie hat zwei Controller!" Feuerwehrmann mit meiner Xbox in der Hand: „Nochmal geh ich da nicht rein!"

24 Di JAN

„Wenn etwas keine Herausforderung darstellt, kann man es auch lassen, denn daraus wird man nichts lernen."
- Tom Holland

to do

„Ich hab Reflexe wie ein Reh!" - „Heißt das nicht Reflexe wie eine Katze?" *Zweig knarzt in einem nahen Busch* *springt mit einem unglaublich anmutigen Hüpfer panisch davon*

25 Mi JAN

Fragen über Fragen: Warum sind Videogames immer in der ersten oder dritten Person und nie in der zweiten? | Warum heißt es Nickerchen und nicht Trägheitsmoment? | Warum heißt es Keksdieb und nicht Krümineller? | Wenn man aufm Klo Red Bull trinkt, kriegt man dann Kotflügel?

to do

„World of Warcraft is voll crappig geworden! Blizzard kann mich mal! Ich zock jetzt Diablo."

Anders Vejrgang ist das Ausnahmetalent der FIFA-Szene. In FIFA21 hat er die Weekend League mit geisteskranken 536 Siegen in Folge komplett zerstört und wurde direkt beim eSports-Team von RB Leipzig unter Vertrag genommen. Einziges Problem: Mit gerade mal 15 Jahren durfte er nicht an offiziellen FIFA-Turnieren (ab 16) teilnehmen. Heute wird Anders leider schon anders alte 17 Jahre alt. Trotzdem Happy Birthday, Alter. 😎

26 Do JAN

to do

„Mach die Cheats aus!" - „Das sind keine Cheats, das sind Skills!" - „Mach die aus!"

Apropos Pro-Gamer: Am besten verdient man nicht in FIFA oder LOL, sondern in Valves Dota 2. Zwar ist League of Legends das beliebtere Game, kann aber bei den 235 Mio. $ Preisgeld, die insgesamt bei Dota-2-Turnieren ausgeschüttet wurden, nicht mithalten. Unter den 30 bestverdienenden Gamern 2021 (nach Preisgeldern) waren 29 Dota-2-Spieler. Einziger Nicht-Dota-Spieler in der Liste: Fortnite-Weltmeister Bugha, der 3,1 Mio. $ gewann.

27 Fr JAN

to do

28 Sa

29 So

23.01. Carol Schuler (36), Doutzen Kroes (38), Arjen Robben (39) **24.01.** Papaplatte (26), Luis Suárez (36), Mischa Barton (37), Michelle Hunziker (46), Ed Helms (49) **25.01.** Calum Hood (27), Tina Dietze (35), Michael Trevino (38), Alicia Keys (42) **26.01.** Anders Vejrgang (17), Younes Zarou (25), KC Rebell (35), José Mourinho (60), Ellen DeGeneres (65) **27.01.** Jan Sascha Hellinger (unsympathischTV) (20), Eva Padberg (43) **28.01.** Ariel Winter (25), Luciano (29), J. Cole (38), Elijah Wood (42), Rick Ross (47)

A | B

Wassermann
21.01.-19.02.

08:01 Uhr
17:00 Uhr

30 Mo JAN

War doch gar nicht bös gemeint! Ich: „Danke für das Kompliment." Therapeut: „Das war eine Diagnose!" | Wirklich schwer zu sagen, ob ich mit meinen inneren Dämonen ringe oder ob ich nur mit ihnen rumhänge. | Damals im Freundebuch verschrieben. Sternzeichen: Viel Glück und Gesundheit. Was ich dir wünsche: Krebs. 😆😒

to do

Exorzist: „Ich bin hier, den Dämon auszutreiben, der dich in Besitz genommen hat." Ich: „Ich hab Sie nicht gerufen." Dämon: „Das war ich."

31 Di JAN

Dafür, dass Peppa Pig angeblich nur ein harmloses Ferkel ist, hat die Sau verdächtig viel Stress an der Schweinebacke. 2021 warfen US-Elternverbände dem Cartoon vor, negativen Einfluss auf amerikanische Kinder zu haben. Grund für den Stress: Peppas saumäßiger britischer Akzent, den die US-Kids begeistert übernahmen. In Australien wurde eine Folge sogar komplett verboten. Papa Wutz erklärt in der Episode, wie ungefährlich Spinnen sind. 😳

to do

Peppa Pig: „Was ist ein Dachboden?" Grandpa Pig: „Da heben wir die ganzen alten Sachen auf." Peppa Pig: „So wie dich, Opa?"

01 Mi FEB

Wörter als Waffe: „Ich bin froh, dass du nicht durch die Komplikationen einer Schulbildung belastet wurdest." | „Oh Gott, ist der Junge hässlich." - „Das ist meine Tochter." - „Oh, ich wusste nicht, dass Sie der Vater sind." - „Ich bin die Mutter." | „I am FIJI water, you are toilet water." 😂

to do

„Du willst Beef und ich dreh dich durch den Fleischwolf." - *Money Boy*

NO FRONT!

Die Anklage: Erschleichen von Leistungen des öffentlichen Personennahverkehrs in 18 unabhängigen Fällen. Richterin: „Wie sind Sie denn heute zur Verhandlung gekommen?" Angeklagter: „Mit der U-Bahn." Richterin: „Darf ich mal Ihren Fahrschein sehen?" Angeklagter: „Den schmeiß ich immer sofort weg, Frau Richterin!"

02 Do FEB

to do

„Ägyptisch oder ich schieße!" - „Was? Ich kann kein Ägyptisch." - „Ägyptisch jetzt!" - *Raubüberfall in Sachsen*

„Man braucht nun mal einen Bösewicht. Wenn man keinen Bösewicht hat, kann der Held auch zu Hause bleiben."
- *Christoph Waltz*

03 Fr FEB

to do

04 Sa

05 So

30.01. Kid Cudi (39), Christian Bale (49), Felipe von Spanien (55) **31.01.** Cro (33), Justin Timberlake (42) **01.02.** Harry Styles (29), Ronda Rousey (36), Michael C. Hall (52) **02.02.** Gemma Arterton (37), Shakira (46) **03.02.** Sean Kingston (33), Jogi Löw (63) **05.02.** Neymar (31), Cristiano Ronaldo (38), Michael Sheen (54) | Papa Pig: „Wow, das sind aber viele Kerzen!" Peppa Pig: „Das liegt daran, dass du sehr, sehr alt bist, Papa!"

A B

Wassermann
21.01.-19.02.

07:52 Uhr
17:12 Uhr

06 Mo FEB

Wau! Hunde sehen nur schwarz-weiß. Das dachte man zumindest lange. Inzwischen weiß man, Hunde nehmen Grün- und Rottöne als Grau-Braun-Schattierungen wahr, während sie Blau oder Gelb sehr gut erkennen können. Außerdem können sie das UV-Spektrum wahrnehmen und so jederzeit überall den Urin ihrer Artgenossen und anderer Tiere sehen. 😧 Wir Menschen benötigen dafür (Gott sei Dank!) eine Schwarzlichtlampe.

to do

[Verkehrskontrolle] Polizeihund: „Sie haben eine graue Ampel überfahren." Autofahrerhund: „Aber es war noch grau, als ich über die Kreuzung fuhr." Polizeihund: „Nein, es war grau."

07 Di FEB

Wissenschaftler: „Nach jahrelangen Versuchen ist es uns gelungen, einem Hund den Morsecode beizubringen!" Hund: *tappt wahllos mit Pfote* Die Presse: „Was hat er gesagt?" Wissenschaftler: „Wuff."

to do

„Redet der Hund immer so viel?" - „Ja, das ist ein Laberador."

08 Mi FEB

„Es ist nicht die Größe des Hundes im Kampf, es ist die Größe des Kampfes im Hund." – *Mark Twain*

to do

Ich: *erzähle Witz im Ultraschallbereich* Hund: „Hahaha!"

„Hört der Hund auf Sie?" – „Ich duze ihn meistens." | Jeder Hund unter 30 Pfund is'n Hamster. | Es klingelt. „Das ist für mich, aus dem Weg!" Mein Hund, jedes Mal. | „Was macht der Hund in der Küche?" – „Der tut nix, der will nur spülen." | „Der will nur spielen." – „Also beißt er nicht?" – „Doch, aber lieb gemeint."

09 Do FEB

to do

Die Drei-Sekunden-Regel bringt dir gar nichts, wenn du einen Zwei-Sekunden-Hund hast.

Er: *weicht vor einem Hund zurück*
Hundehalter: „Keine Sorge, der ist angeleint, der kann dich nicht verletzen."
Hund: „Na, wie läuft's mit den Mädels?"

10 Fr FEB

to do

11 Sa

Häfft

12 So

06.02. Leon Goretzka (28), Bibi (30), Axl Rose (61) **07.02.** Falco Punch (27), Ashton Kutcher (45), Chris Rock (58) **08.02.** Bella Poarch (26), Tanzverbot (26), Joshua Kimmich (28), Hakan Çalhanoğlu (29) **09.02.** Michael B. Jordan (36), Tom Hiddleston (42), Cassandra Steen (43), Joe Pesci (80) **10.02.** Chloë Grace Moretz (26), Emma Roberts (32), Kool Savas (48), Laura Dern (56) **11.02.** Khalid (25), Lisa Vicari (26), Natalie Dormer (41), Alexandra Neldel (47) **12.02.** Gucci Mane (43), Josh Brolin (55) | -Nope! | -Yup!

A B

Wassermann
21.01.–19.02.

07:40 Uhr
17:24 Uhr

13 Mo FEB

Wie nice muss denn bitte Dating bei Pferden sein? „Na du Süßi, und was machst du so in deiner Freizeit?" - „Auf der Wiese stehen und Gras fressen! Und du?" - „Oh mein Gott, GENAU DAS MACHE ICH AUCH!!!" 😍

Nice to meet ya!

to do

„Du bist lustig." - „Kann ich deine Nummer haben?" - „Du bist echt lustig."

14 Di FEB Valentinstag

😍😨😣 „Valentinstag ist der romantischste Tag des Jahres." - „Das tut mir leid für dich." | „Tolle Schuhe!" - „Ja, ich liebe sie!" - „Du kannst mich duzen." | „Liebe ist, wenn du jemanden anschaust und alles siehst, was du brauchst." - „ICH LIEBE DEN DHL-BOTEN?" | „Was macht die Liebe?" - „Läuft." - „Schreiend davon?" - „Yup."

E©hte LiB€™

to do

„Love loves to love love." - *James Joyce*

15 Mi FEB

„Menschen wurden erschaffen, um geliebt zu werden. Dinge wurden geschaffen, um benutzt zu werden. Der Grund, warum sich die Welt im Chaos befindet, ist, weil Dinge geliebt und Menschen benutzt werden." - *Dalai Lama*

to do

[Hochzeit] Priester: „Sprechen Sie mir nach." Bräutigam: „Mir nach." Priester zur Braut: „Sein Ernst?" Braut: „Na, der hoaßt Horst."

„Es tut mir leid, Globglogabgalab", grunzte Burblox. Tränen stiegen in sein drittes Auge. „Wir können einfach nicht zusammen sein. Ich bin nur ein Groblin aus Großgroberstadt und du eine hochgeborene Grunzbrunz vom tiefen Hochtal. Dein Muttervater würde es niemals zulassen. Oink!"

16 Do FEB

to do

Socken lehren uns: Füreinander gemacht zu sein, bedeutet nicht, zusammen zu sein.

Date: „Mmhh, du riechst gut!" Ich: „Ja, ich benutze beide Nasenlöcher." Date: „..." Ich: „Bitte hab mich lieb!" | „Ich habe nur Augen für dich." Kannibalin: „Mehr nicht?" | [Erstes Date] „Und was machst du gerne?" - „Nichts eigentlich." - „Aww, wir ham so viele Gemeinsamkeiten." [Hochzeit]

17 Fr FEB

FEB 07

13.02 — 19.02

to do

18 Sa

19 So

13.02. Dilara Kaynarca (26), El Rubius (33), Andrea Kaiser (41), Nelson Müller (44) **14.02.** Freddie Highmore (31), Simon Pegg (53) **15.02.** Megan Thee Stallion (28), Sodapoppin (29), Matt Groening (69) **16.02.** The Weeknd (33), Elizabeth Olsen (34), Ice-T (65) **17.02.** Marc Márquez (30), Ed Sheeran (32), Paris Hilton (42), Joseph Gordon-Levitt (42), Michael Jordan (60) **18.02.** J-Hope (BTS) (29), Oliver Pocher (45), Dr. Dre (58), John Travolta (69) **19.02.** Millie Bobby Brown (19), Victoria Justice (30), Christoph Kramer (32) |

A | B

Wassermann
21.01.-19.02.

07:27 Uhr
17:37 Uhr

20 Mo FEB Rosenmontag

Synapsenfasching Ich: „Ich spreche immer mit mir selbst ..." Ich: „OMG! Ich auch!" | Hatte heute wegen Dünnschiss Schiss, dass ich mir während der Klausur auf den Stuhl stuhl. Wär schon Crap, wenn ich wegen Durchfall durchfall. | „Haftbefehl gegen Wendler!" – „Soundclash oder Käfigkampf?!" – „Was?"

to do

Wenn einen das Internet nervt, kann man das Smartphone für ein paar Stunden in einen anderen Raum legen. Ich wünschte, das ginge auch mit meinem Gehirn.

21 Di FEB Fastnacht

Verrückte Zeiten verlangen nach professionellen Narren. Aber was bedeutet eigentlich Narrenfreiheit? Im Mittelalter gab es den undankbaren Job des Hofnarren, dessen Aufgabe es war, Herrscher und Hofstaat sanft durch den Kakao zu ziehen. Generell war man als Narr mit Narrenkappe inklusive Glöckchen gegen Kritik gut geschützt, trotzdem kosteten ihre Scherze so manchen besonders witzigen Narren das Leben.

to do

Ich bin heliumsüchtig, aber niemand nimmt meine Hilfeschreie ernst. ☹

22 Mi FEB Aschermittwoch

„Es heißt, dass Johannes Brahms mit einem Freund am Strand spazieren ging, der sich beklagte, alle gute Musik sei schon geschrieben worden ‚Oh schau', sagte Brahms und zeigte aufs Meer hinaus. ‚Da kommt die letzte Welle.'"
– *Terry Pratchett*

to do

„Wir haben den sprechenden Fuchs eingefangen." – „Fabelhaft!"

23 Do FEB

Moderne Märchen „Rapunzel, lass dein Haar herunter." - „Das sind Extensions, du Opfer, nimm den Aufzug!" | „Komm Kind, spiel mit dem Elektroelefanten." - „Moaah, Mama, sag einfach, dass ich staubsaugen soll." | Drei Bros saßen auf dem Bette und furzten um die Wette. Da kamen sie aus dem Takte, weil einer plötzlich ... | Sie war eine Prinzessin, doch ihr Königreich war verpixelt. ☹

to do

„Der Junge, der immer ‚Wölfe' schrie" wäre eine wesentlich bessere Geschichte, wenn wirklich Wölfe aus seinem Mund gekommen wären.

24 Fr FEB

Kann man ja mal machen. Fußball-Megatalent Jamal Musiala hat einen krassen Karrierestart hinter sich: jüngster Bundesliga-Debütant, jüngster Bundesliga-Torschütze, jüngster Champions-League-Torschütze (alles mit 17 Jahren beim FC Bayern) und jüngster deutscher Nationalspieler bei einer EM (mit 18). Der große Hoffnungsträger der deutschen Nationalmannschaft wird diesen Sonntag unglaubliche 20 Jahre jung!

to do

25 Sa

26 So

20.02. Olivia Rodrigo (20), Rauand Taleb (31), Rihanna (35), Alex King (38), Jan Delay (47) **21.02.** Sophie Turner (27), Luca (27), Bjergsen (27), Imaqtpie (31), Elliot Page (36) **23.02.** Dakota Fanning (29), Emily Blunt (40), Aziz Ansari (40), Jan Böhmermann (42), Kelly Macdonald (47) **24.02.** Hansi Flick (58) **26.02.** Jamal Musiala (20), Maria Ehrich (30), Laura Wontorra (34), Tom Beck (45)

A B

Fische 20.02. - 20.03.

07:13 Uhr
17:49 Uhr

27 Mo FEB

E-Mails sind die Anrufe unter den Textnachrichten. | Ich: *wähle Nummer, lasse einmal klingeln, lege auf* *öffne E-Mail* „Leider konnte ich Sie telefonisch nicht erreichen …" | E-Mail-Signatur: „Danke und Sorry" | „Bitte antworten Sie nicht auf diese E-Mail!" – „Sehr geehrter Herr Noreply …"

to do

Schon gewusst, was jeden guten Laptop ausmacht? Eine heiße Tasse Kaffee.

28 Di FEB

Phishing-Mails be like: *Absender:* Amazon *E-Mail:* dwayne_husorino1873469@scambot.tv.to „Hallo, wir habe gesperrt ihr Konto, um freischalten bitte Nutzername und Passwort schicken, dakne Ihre Amazonas✓"

to do

„Ick bin anrufing Sie from Mickrosooft" – „Kandidat 777, Sie sind der Gewinner! *tötöröö*"

01 Mi MÄR

„Zu argumentieren, dass du keine Privatsphäre brauchst, weil du nichts zu verbergen hast, ist, als würdest du sagen, dass du keine Freiheit der Meinungsäußerung brauchst, weil du nichts zu sagen hast." – *Edward Snowden*

to do

Wann bekomm ich eigentlich die ganzen Cookies, die ich ständig akzeptiere?

Cringe: „Wie krass die Naturdoku auf den Riesenflatscreens im Zug aussieht." - „Das sind die Fenster, Kevin." | „Hab mir die Beine wachsen lassen." - „Ach deshalb bist du so groß." | „Du musst dich echt nicht für jede Kleinigkeit entschuldigen." - „Okay, sorry." | [Ich werde vermisst] Polizei: „Können Sie Ihr Kind beschreiben?" Meine Mutter: „Cringe."

02 Do MÄR

to do

Babyanwalt: „Haben Sie die Nase des Opfers gestohlen?"
Angeklagter: „Neeeeiiiin." *weint in seine Hände*
Babyrichter: „Ganz toll, jetzt ist er wieder verschwunden."

03 Fr MÄR

to do

Er: „Wenn's ein Junge ist, nennen wir ihn Hinnerk!" Sie: „Ok!" Kellner: „Guten Abend." Er: „Guten Abend, Hinnerk!"

Häfft

04 Sa

05 So

27.02. Sarazar (39), Kate Mara (40), Megaloh (42) **28.02.** Jana & Sophia Münster (25), Sebastian Rudy (33) **01.03.** Dalia Mya (21), Justin Bieber (29), Kesha (36), Lupita Nyong'o (40) **02.03.** Montana Black (35), Bryce Dallas Howard (42), Chris Martin (46), Method Man (52), Daniel Craig (55) **03.03.** Andreas Wolff (32), Jessica Biel (41), Antonio Rüdiger (30) **04.03.** Brooklyn Beckham (24), WestBam (58) **05.03.** Madison Beer (24) | Ich habe meine Geduld testen lassen. Ich bin negativ.

A | B

Fische
20.02. - 20.03.

06:53 Uhr
18:06 Uhr

06 Mo MÄR

Slowfood, but make it ekelhaft: Auf der Haut von Faultieren wachsen Algen, die sie zwischendurch als Snack futtern. Auf den Menschen übertragen hieße das … ach, besser nicht dran denken. Da bleiben wir doch lieber beim guten alten Proteinriegel plus Durstlöscher in der Bauchtasche.

to do

Gordon Ramsay: „Das schmeckt wie Müll!" Waschbärkoch: „Danke, Chef!"

07 Di MÄR

Tag der gesunden Ernährung

Gude! „Du isst Thunfisch???" - „Ja. Wieso denn nicht?" - „Wegen der Delfine." - „Schmeckt man kaum raus." | *Kühlschrank auf* Mittelalter Gouda: „GOTT ZUM GRUßE, HOLDE" *Kühlschrank zu* „Oh noes, der schon wieder." | Auftragskiller: *ermordet Banane* „Moment, das ist ja der Einkaufszettel."

to do

08 Mi MÄR

Weltfrauentag

„Es wird höchste Zeit, dass die Gesellschaft aufhört, Mädchen zu sagen, was sie tun sollen und was nicht. Stattdessen sollte man ihnen durch das leiseste Flüstern und lauteste Schreien sagen, dass sie unaufhaltbar sind. Die Welt braucht dringend Anführer, männlich wie weiblich. Es geht nicht um das Geschlecht, sondern um das Ziel."
- Maisie Williams

BOSS~~BABE~~
Einfach BOSS, danke!

to do

„Wir Frauen müssen zusammenhalten." - „Ich bin der Manfred." - „Macht nichts, Manfred. Unterschreib einfach hier."

Frisch verheiratet wollte Khoirul Anam auf Facebook sein Glück mit der Welt teilen. Auf den Hochzeitsfotos war der Indonesier mit einem Reiskocher im Arm zu sehen. „Weiß, ruhig, gut im Kochen, sehr verträumt", betitelte er die Fotos und fügte noch hinzu: „Ohne dich ist mein Reis nicht gekocht." Nach 4 Tagen das Update: Scherzkeks Anam will die Scheidung, der Reis sei zwar lecker, der Reiskocher für andere Gerichte aber leider ungeeignet.

09 Do MÄR

to do

„Öffne mal dein Herz!" - „Warum?" - „Ich will meine Cola kalt stellen."

„Wenn du denkst, dass alle dich hassen, brauchst du wahrscheinlich Schlaf. Wenn du denkst, dass du alle hasst, brauchst du wahrscheinlich was zu essen." - *Marina Weisband*

10 Fr MÄR

MÄR 10

06.03 — 12.03

to do

„Käse schließt den Magen." - „Dann hätt ich jetzt gern einen Schließburger."

11 Sa

Häfft

12 So

Wenn du Essen wärst, dann wärst du ...

A Apfelstrudel B Bananenbrot C Cupcake D Döner
E Ein kleines Eis F Fischfrikadelle G Gulasch
H Hühnerbrühe I Lauchsuppe J Kartoffelsalat
K Knoblauchbaguette L Pizza M Käsefondue
N Donut O Brokkoli P Bolognese Q Quiddengelee
R Raclette S Schweinshaxe T Filet in Blätterteig
U Croissant V Sushi W Leberkässemmel mit Ei
X Veganes Schnitzel Y Nudelsalat Z Löschpapier

06.03. Timo Werner (27), Azet (30), Tyler, the Creator (32), Kevin-Prince Boateng (36), Shaquille O'Neal (51), Smudo (55) **07.03.** MoTrip (35), Laura Prepon (43), Rachel Weisz (53), Bryan Cranston (67) **09.03.** Khaby Lame (23), Suga (BTS) (30), Volker Bruch (43) **10.03.** Emeli Sandé (36), Olivia Wilde (39), Dr. DisRespect (41), Jon Hamm (52), Chuck Norris (83) **11.03.** Tina Neumann (21), Constantin Braun (35), Matthias Schweighöfer (42), Nina Hagen (68) **12.03.** Caro Daur (28), ApoRed (29), Felix Kroos (32), Meg Turney (36) |

A B

Fische 20.02. - 20.03.

13 Mo MÄR

Dein kreatives Chaos frisst dich auf? Versuch doch mal einen Tag lang die „Ein-Ding-ein-Platz-Regel". Alles, was du benutzt hast, kommt sofort, wenn du es nicht mehr brauchst, an den einen Platz zurück, wo es hingehört. Nicht dein Playstyle? Dann ist die Wäschekorb-Methode vielleicht was für dich. Einfach alles Unnütze in einem Korb sammeln und dann alle paar Tage zeitsparend gesammelt verräumen.

to do

Warum heißt es „Putzplan" und nicht „Wischlist"?

14 Di MÄR

Life hacked: Drüberpusten ist auch Staubwischen. | Tiefkühlpizzakrümel im Schlafanzug beste Peeling. | Mangos filetiert man, indem man vorsichtig am Kern entlang steckenbleibend den Matsch am Ende über der Spüle weinend aus der Schale frisst. | Bester Trick, um nicht bei peinlichen Moves erwischt zu werden, ist es, keine peinlichen Moves zu machen. | Je später man mit Lernen anfängt, umso kürzer die Klausurenphase.

to do

Ich: „Ist der natürliche Zustand der Seele Ruhe oder Chaos?" Rewe-Kassiererin: „Es ist ein steter Wechsel, fließend wie Wasser."

15 Mi MÄR

„Man muss immer nur an den nächsten Schritt denken, an den nächsten Atemzug, an den nächsten Besenstrich. Dann macht es Freude; das ist wichtig, dann macht man seine Sache gut. Und so soll es sein."
– Michael Ende (Der alte Straßenkehrer Beppo)

to do

Ich hab die Süßigkeitenschublade aufgeräumt und jetzt ist mir schlecht.

#upcycled Mal wieder Einzelsockenüberfluss? Was gut an dir aussieht, steht sicher auch deinen Pflanzen. Greif dir ein paar saubere Einzelgängersocken, am besten schön bunte oder gemusterte. Einfach den Fuß abschneiden (den der Socke - nicht deinen) und die Ex-Socke von unten über einen langweiligen Blumentopf ziehen. Schwarzweiß geringelt neben Kirsche auf Pink: der perfekte Hingucker in deinem Zimmer.

16 Do MÄR

to do

Ich: „Hmm, da fehlt 'ne Socke." Sockenpuppe auf meiner Hand: „Schon wieder? Gibt's doch gar nicht."

PRIVATSCHILD
LESEN VERBOTEN!

Dumme Frage, noch dümmere Antwort: Welche ist die egoistischste Frucht auf der Welt? Der Pfirsich. | Was ist rot & schleimig? Rotzkäppchen. | Wie heißt der nordische Gott der Ungeduld? Hammersbald. | Was macht die Knackwurst so knackig? Das n. | Was freut sich und stinkt? Das Gefurztagskind.

17 Fr MÄR

St. Patrick's Day

to do

MÄR 11

13.03 — 19.03

18 Sa

19 So

St. Josef (AT)

13.03. Sophia Thiel (28) **14.03.** Izzi (30), Jamie Bell (37), Michael Caine (90) **15.03.** Paul Pogba (30), Eva Longoria (48) **16.03.** Farina Opoku (32) **17.03.** Hanna Binke (24), John Boyega (31), Sun Diego (34), Kurt Russell (72) **18.03.** Lily Collins (34), François Goeske (34), Lykke Li (37), Adam Levine (44), Charlotte Roche (45), Luc Besson (64) **19.03.** Bruce Willis (68) | Mein Zimmer sieht aus, als hätte sich eine Waschmaschine darin übergeben. | „Na, wie läuft's mit dem Frühjahrsputz?" - „Tiptop, bin jetzt bei Staffel 6."

A | B

Fische
20.02. - 20.03.

06:22 Uhr
18:29 Uhr

20 Mo MÄR
Frühlingsanfang

Never forget: Die besten Erinnerungen macht man in Flip Flops. | Selbstgemacht ist cool. Außer Probleme. | Zweifel töten mehr Träume, als es Fehler je tun könnten. | Sei nicht abergläubisch - das bringt nur Unglück. | Du bist dort, wo deine Gedanken sind. Sieh zu, dass deine Gedanken da sind, wo du sein möchtest.

Eat more art!

to do

Wirft Münze in Wunschbrunnen „Wenn ich doch bloß besser mit Geld umgehen könnte."

21 Di MÄR
Welttag der Poesie

„Ich bin der Eimer, den das Schicksal in den Brunnen wirft, um euch herauszuziehen."
- Johann Wolfgang von Goethe

to do

Es gibt nix Anziehenderes, als wie Menschen, die wo richtig nice mit die Sprache und den Wörters umgehen tun!

22 Mi MÄR
Beginn Ramadan (Islam)

Wor(s)tspiele: Falls jemand über die Anschaffung eines Waschbären nachdenkt: Tiere sind kein Spülzeug! | Ein Wortspiel mit Wurzeln ist nicht lustig, aber Ingwer muss es ja machen! | Zunge am heißen Kaffee verbrannt. Nix Wildes, Gott sei dank nur 'ne Schlürfwunde. | „Warum lachst du denn so?" - „Was ist denn lachsen?"

to do

„Herr Doktor, helfen Sie bitte meinem Freund Günter. Bitte!" - „Tut mir leid, aber das kann ich nicht." - „ABER SIE SIND DOCH GÜNNIKOLOGE!"

ALLES EINE FRAGE DER PERSPEKTIVE

Weird Take! 1982 ließ sich der Verkehrsrichter Hans Kindermann in einem Leserbrief über die Anschnallpflicht aus und wetterte: „In der Bundesrepublik ist die Todesstrafe abgeschafft; niemand spricht aber davon, dass die Anschnallpflicht sie hintenherum wieder einführt." Seine weirde Logik dahinter: Der Sicherheitsgurt würde bei 0,2 % aller Unfälle das Ableben des Fahrers besiegeln. 🙄

23 Do MÄR

to do

Habe angefangen Sportwagen zu sammeln. Bin bei Null.

Feuerwehrschlauch heißt in den Niederlanden „Brandslang". Die Raupe Nimmersatt hört dort auf den Namen „Rupsje Nooitgenoeg". Den Mund-Nasenschutz nennen die Holländer „Mondkapje". (MUNDKÄPPCHEN lol!) Das Finanzamt wird zum „Belastingdienst" und der Flohmarkt zum „Snuffelmarkt". 😍 😇 😻

24 Fr MÄR

to do

MÄR 12

20.03 — 26.03

25 Sa

26 So

Zeitumstellung (+ 1 Std.)

20.03. Sami Slimani (33), DrLupo (36) **21.03.** Tini (26), Antoine Griezmann (32), Lothar Matthäus (62), Gary Oldman (65) **22.03.** Mick Schumacher (24), Reese Witherspoon (47) **23.03.** Asaf Avidan (43) **24.03.** JonTron March (33), Alyson Hannigan (49), Jim Parsons (50), Nena (63) **25.03.** Jadon Sancho (23), Danica Patrick (41), Wladimir Klitschko (47), Sarah Jessica Parker (58), Elton John (76) **26.03.** Bhad Bhabie (20), Theo Carow (27), Ibai (28), Keira Knightley (38) | Frühlingsgedicht: Hat die Blume nen Knick, war der Schmetterling zu dick.

A | B

Widder
21.03. - 20.04.

07:06 Uhr
19:41 Uhr

27 Mo MÄR

Leider kein Fan: „Übertriebene Verehrung der Rübe", „dickfellige Respektlosigkeit dem Fräulein gegenüber" und andere unterhaltsame Gemeinheiten sagt der US-Dichter Mark Twain den Deutschen in seinem Essay „Die schreckliche deutsche Sprache" nach. „Die deutsche Sprache sollte sanft und ehrfurchtsvoll zu den toten Sprachen abgelegt werden, denn nur die Toten haben die Zeit, diese Sprache zu lernen." 😳

to do

Italien: „Wir haben diese gefüllten Teigwaren erfunden, sie heißen Tortellini, also kleine Kuchen." 😋 Schwaben: „MAULTASCHEN!" 😖

28 Di MÄR

Dem deutschen Sprachforscher Joachim H. Campe (1746 - 1818) verdanken wir Verdeutschungen von über 11.000 Fremdwörtern, von denen viele für uns heute ganz normale deutsche Worte sind, z. B. tatsächlich (faktisch), Ergebnis (Resultat), Hochschule (Universität) oder fortschrittlich (progressiv). 😲 Nicht durchgesetzt haben sich seine Kreationen Geistesanbau (Kultur), Schalksernst (Ironie), Zwischenstille (Pause) oder Zwangsgläubiger (Katholik).

to do

„In Deutschland am besten lesen und schreiben können die Schüler in Bayern, Baden-Württemberg und Sachsen - also lauter Länder, in denen gar kein Deutsch gesprochen wird." - *Ottfried Fischer*

29 Mi MÄR

„Als gäb es nur die Wahl zwischen Erdoğan und Böhmermann, nur die Wahl zwischen Bertelsmann und Dönermann, als gäb es nur den Wahlbereich zwischen Schwarz und Weiß, Gutmensch oder Arschloch sein, Antifa und Nazischwein." - *Eko Fresh (Aber)*

to do

„Wieso haben Sie eine Jogginghose an?" - „Wo ich herkomme, ist es üblich, sich so zu kleiden!" - „Wo kommen Sie denn her?" - „Von zu Hause."

So isch's halt ...

Antworten, die keiner hören will: „Wollen wir Nummern tauschen?" - „Nee, bin mit meiner ganz zufrieden." | „Mmmmh, die Kekse sind aber lecker, wo hast du die gekauft?" - „Fressnapf." | „Hast du einen Tipp, was ich machen sollte, damit mein Date einen schönen Abend hat?" - „Nicht hingehen." | „Ich habe abgenommen. Die Jogginghose rutscht." - „Nee, dein Gummizug ist nur geplatzt."

30 Do MÄR

to do

„Mein Laptop ist kaputt." - „Welches Modell?" - „Das von Aldi." - „Geht das auch etwas genauer?" - „Nord."

EINZELSTÜCK

Er: „Meine Freundin wird vermisst!" Polizei: „Können Sie sie beschreiben?" Er: „Sie ist stark, unabhängig ..." Polizei: „Und wie sieht sie aus?" Er: „Darauf kommt es doch nicht an." Polizei: „Naja, irgendwie schon."

31 Fr MÄR

to do

01 Sa

02 So

Palmsonntag

27.03. Jessie J (35), Manuel Neuer (37), Mariah Carey (53), Quentin Tarantino (60) **28.03.** Benjamin Pavard (27), PietSmiet (34), Lady Gaga (37), Stan Wawrinka (38) **30.03.** Sergio Ramos (37) **31.03.** Ewan McGregor (52) **01.04.** Fatmire Alushi (35), Kid Ink (37), Troy Baker (47) **02.04.** Edin Hasanović (31), Sonja Gerhardt (34), Michael Fassbender (46), Samu Haber (47), Pedro Pascal (48), Clark Gregg (61) | [Nachäffstimme]: „Man muss das Leben nur mit ein bisschen Humor nehmen."

A B

Widder
21.03.-20.04.

06:51 Uhr
19:52 Uhr

03 Mo APR

Ariana Grande ist berühmt für ihren langen Pferdeschwanz. Dass diese Frisur einmal ihr Markenzeichen werden würde, war allerdings so nicht geplant. Ursprünglich hatte Ari ihre Haare nur zusammengebunden, weil diese vom ständigen Färben total kaputt waren. Für ihre Rolle in der Nickelodeon-Serie „Victorious" musste sie ihre Mähne nämlich rot färben.

to do

„Wenn ich eine Geschichte von der Titelseite verdrängen will, muss ich nur meine Frisur ändern." – *Hillary Clinton*

04 Di APR

Haariger Realtalk: „Die Schönheit einer Frau liegt nicht in den Kleidung, die sie trägt, ihrer Figur, oder wie sie ihre Haare trägt." – *Audrey Hepburn* | „Meine Haare waren berühmt, bevor ich es war." – *Christopher Walken* | „Es ist töricht, sich im Kummer die Haare zu raufen, denn noch niemals ist Kahlköpfigkeit ein Mittel gegen Probleme gewesen." – *Mark Twain*

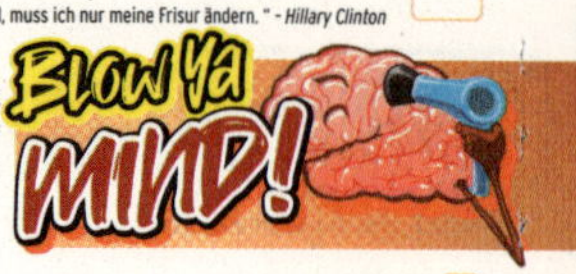

to do

„Auf einer Skala von Gänseblümchen bis Rose, wo sehen sie sich emotional?" – „Kaktus."

05 Mi APR

Popstar Ava Max trägt ihre Haare auf einer Seite deutlich kürzer als auf der anderen. „Mit meiner Frisur möchte ich zeigen, dass es absolut okay ist, etwas Mutiges und Einzigartiges zu tun." Nur irgendwie blöd, dass der nach ihr benannte „Max Cut" in kürzester Zeit zur Trendfrisur wurde. So schnell kann's gehen mit der Einzigartigkeit.

to do

Friseurin: „Mein Freund ist so anstrengend, ich hasse ihn." Ich: *will einen guten Haarschnitt* „Ich hasse Ihren Freund auch."

Schön freundlich bleiben: Es gibt Spaghetti. „Hab ich 'nen Tomatenmund?" - „Ne, aber 'ne Hackfresse." | „Kannst du mir mal die Milch rübergeben?" - „Wie heißt das Zauberwort?" - „KA, ich guck kein Harry Potter." | „Dein Sarkasmus ist echt zum Kotzen!" - „Oh je, soll ich dir die Haare halten, Süßi?" | „Danke Mama, dass du versuchst für uns zu kochen."

06 Do APR

Gründonnerstag

to do

„Na, heute früh wieder mit der Handgranate frisiert?"

Dein eigener Frisörsalon als Karriereoption? Hier ein paar hairlich häfftige Vorschläge für den Namen: Hair-Reinspaziert | Atmosfhair | Kamm in! | Katze her | Vier Haareszeiten | Hairkules | Haarakiri | TheHAIRapie | HairZstück | Pony & Clyde | Vorhair, Nachhair | Hairport | Haarnarchie | Komm Hair | Haarmonie | Haartmut

07 Fr APR

Karfreitag

to do

APR 14

03.04 — 09.04

08 Sa

Häfft

09 So

Ostersonntag

03.04. Leona Lewis (38), Fler (41), Michael Mittermeier (57), Eddie Murphy (62), Alec Baldwin (65) **04.04.** Harvey Elliott (20), Tahnee (31), Sami Khedira (36), Bastian Pastewka (51), Robert Downey jr. (58) **05.04.** Pharrell Williams (50) **06.04.** Paul Rudd (54) **07.04.** Franck Ribéry (40), Russell Crowe (59), Jackie Chan (69) **08.04.** TimTheTatman (33) **09.04.** Lil Nas X (24), Elle Fanning (25), Kristen Stewart (33), Tim Bendzko (38), Clueso (43) | „Nach den Ferien üben wir dann Pony schneiden." - *Manfred (44), Ausbilder in der Metzgerei*

A | B

Widder
21.03.-20.04.

06:36 Uhr
20:03 Uhr

10 Mo APR Ostermontag

Als sie die Küche betritt, erstarrt sie. Ein Hase sitzt am Küchentisch, die kompletten Lebensmittel angeknabbert. „Was soll das denn werden?!?", ruft sie. Plötzlich am Fenster eine Eule in Ordnungsamt-Jacke, die den Ausweis des Hasen verlangt. „Alles legal", zwitschert sie. „Das is'n Versuchskaninchen."

to do

Was ist groß, grau und unbedeutend? Der Irrelefant.

11 Di APR

Verfaulheit: Bin heute fast beim Pulli anziehen eingeschlafen, weil es kurz dunkel wurde. | Als Rapstar würde ich mich Lay Z nennen, aber für Rap bin ich zu faul. | Fakt über Faule Nr. 6783939381: Du warst zu faul, diese Zahl zu lesen. | Wann wird Antriebslosigkeit endlich olympisch, würde nicht mitmachen, aber vielleicht jemand anderes.

Chillaxmode ON

to do

„Was machst du gerade?" - „Ich beschäftige mich mit Prokrastination." - „Ist das für die Schule?" - „Genau Papa."

12 Mi APR

„Es gibt nur eine Ecke des Universums, die du mit Sicherheit verbessern kannst. Dich selbst." - *Aldous Huxley*

DO now!

to do

Ich brauch wirklich ganz dringend ein Hobby, das nichts mit Essen zu tun hat.

WHERE IS MY MIND?

So lost: Seit ich klar denken kann, bin ich durcheinander. | „Wir brauchen 4 Tassen Reis und 12 Tassen Wasser." - „Puuh, ob ich so viel Tassen hab?" | „Welche Blutgruppe?" - „Ich bin in keiner Blutgruppe!" | „Ich geh mal aufs Klo." - „Nee, lass mich das mal machen!" | Ohne Brille werde ich viel öfter angesprochen. Ich weiß dann nur leider nicht, von wem.

13 Do APR

to do

„Lass mal Nummern tauschen." - „Wird das nicht die Leute verwirren, die versuchen uns anzurufen?"

„Das Leben sollte keine Reise zum Grab sein, die mit dem Vorsatz angetreten wird, in einem schönen und gut erhaltenen Körper anzukommen. Im Gegenteil, man sollte mit blockierten Rädern in einer Rauchwolke ins Ziel schleudern, vollkommen verbraucht, total am Ende und laut ausrufen: ‚Wow! Was für ein Trip!'"
- Hunter S. Thompson

14 Fr APR

to do

APR 15

10.04 — 16.04

15 Sa

16 So

10.04. Daisy Ridley (31), Dima Koslowski (37), Charlie Hunnam (43), Yaya Han (43), Gronkh (46), David Harbour (48) **11.04.** Anna Maria Damm (27), Shirin David (28), Thiago Alcántara (32), Joss Stone (36), Summer Cem (40) **12.04.** Saoirse Ronan (29) **15.04.** Maisie Williams (26), Emma Watson (33), Seth Rogen (41) **16.04.** Sadie Sink (21), Chance the Rapper (30) | „Die letzten drei Jahre hab ich echt nur zu Hause abgeflackt und gezockt." - „Oh ja, die Pandemie hat uns allen wirklich schwer zugesetzt." - „Welche Pandemie?"

A B

Widder
21.03.-20.04.

06:21 Uhr
20:15 Uhr

17 Mo APR

Fragen über Fragen!?! Warum heißt es Rasen mähen und nicht rasieren? | Warum heißt es kräftiges Haar und nicht Haarnold Schwarzenegger? | Warum „WhatsApp-Gruppe mit den Jungs“ und nicht „Patriar-chat“? | Warum heißt es Taxi und nicht Paymobil? | Welcher Banause nannte es Flugangst statt Airfurcht?

to do

Warum landen Meteoriten eigentlich immer in Kratern?

18 Di APR

Funkelndes Desaster: Der Ursprung des Wortes Desaster ist poetisch-schön. Erfunden haben es, wie so viele spektakuläre Wörter, die alten Griechen. Den Wortanfang bildet das abwertende Präfix dis-, dem wir auch das wunderschöne Wörtchen „dissen“ zu verdanken haben. „Aster“ bedeutet Stern. In diesem Sinne bedeutet Desaster wörtlich „Unstern“ oder bildhaft „gefallener Stern“.

I'M NOT LIMITED
I'M A
PERFECT EDITION!

to do

„Glaubst du an Sternzeichen?“ - „Nein, ich bin Widder. Widder glauben nicht an Sternzeichen.“

19 Mi APR

Stell dir vor, du bist Flat-Earther und musst immer außen rum, wenn du von Alaska nach Sibirien willst. | Stell dir vor, du bist ein Kohlenstoff und deine Eltern erwarten von dir, dass du ein Diamant wirst, aber du kommst mit dem Druck nicht klar. | Stell dir vor, du lässt extra Dornenhecken um dein Schloss wachsen, damit du in Ruhe ausschlafen kannst, und dann kommt ein übermotivierter Prinz und versaut alles.

to do

Stell dir vor, du könntest deine Vorstellungskraft nicht nutzen.

IN THE ZONE

„Unsere Imagination, unsere Vorstellungskraft ist viel kreativer als die Wirklichkeit. Ich stelle mir die Welt von meinem Fenster aus vor. Aber ich brauche da nicht hinzurennen. Schon allein diese ganzen Leute. Grauenhaft. Nein, wissen Sie, für mich ist der Höhepunkt von Freizeitgestaltung, wie man so schön sagt, in Ruhe zu lesen. Das ist Luxus. Den Rest kann man kaufen." – *Karl Lagerfeld*

20 Do APR

to do

Du kannst mir nicht wehtun, du bist nicht die Verfilmung eines meiner Lieblingsbücher.

Als Kind müssen deine Erzfeinde bloß etwas finden, was sich auf deinen Namen reimt und du bist geliefert. Die Nemesis einer meiner Freunde hat ihn mal Murat Motorrad genannt. Das hat ihn tagelang fertig gemacht. Vollkommen egal, wie cool Motorräder sind. Es hat sich gereimt. Das war sein gesellschaftlicher Ruin.

21 Fr APR

Beginn Fastenbrechen/Zuckerfest (Islam)

to do

22 Sa

Tag der Erde

23 So

Welttag des Buches

17.04. Shkodran Mustafi (31), Oguz Yilmaz (32), Rooney Mara (38), Ken Duken (44), Sean Bean (64) **18.04.** Chloe Bennet (31) **19.04.** Loren Gray (21), Maria Sharapova (36), James Franco (45) **20.04.** Asmongold (33), Sebastian Ingrosso (40), Miranda Kerr (40) **21.04.** Luisa Neubauer (27), Julian „Julienco" Claßen (30), Majoe (34), Palina Rojinski (38), James McAvoy (44), Queen Elisabeth II. (97) **22.04.** Amber Heard (37), Mišel Matičević (53), Jack Nicholson (86) **23.04.** Gigi Hadid (28), Summit1g (36), John Cena (46)

A B

Widder
21.03.-20.04.

06:06 Uhr
20:26 Uhr

24 Mo APR

Tierisch! Gott: „Eine Liegestütze und du musst nicht aussterben." T-Rex: *schaut Ärmchen an* „Moooaaah!" | Schwein: „Bruder, kann i dein Hund borgen?" Seehund: „Ja sichi." Schweinehund: „Danke." See: „Kein Ding!" | Kühe sind überraschend ruhig, wenn man bedenkt, dass der ganze Boden Futter ist. 😋

to do

„HAHA WTF LMAO OMG LOL HAHA WTF LMAO LMAO HAHA LOL OMG LMAO LOL WTF LMAO" - *Vögel um 5 Uhr früh*

25 Di APR

Salvador Dalí hat nicht nur Uhren und Pferde in seinen surrealistischen Meisterwerken zum Schmelzen gebracht, dem extravaganten Genie war auch kein Haustier zu ausgefallen: So saß er gerne mit seinem Ozelot Babou im Restaurant oder spazierte mit seinem Ameisenbär durch Paris. 😼

to do

In einem gerechten Paralleluniversum regieren die Fairde.

26 Mi APR

In der Antarktis leben circa 21 Millionen Pinguine, auf Malta dagegen gerade mal eine halbe Million Menschen. Würden die Pinguine sich also entscheiden, eine Invasion von Malta zu starten, müsste jeder Malteser gegen 42 Pinguine kämpfen. 🐧

to do

[Schere-Stein-Papier-Spiel] Ich: *Schere* Pinguin: *guckt auf seine Flossen* „Lösch dich, du labbriger Fingerlauch!"

Tierisches vom Postillon: Mit Mannhundmaus - Schwimmendes Genlabor gesunken. | Bärchen gefunden: Franke überzeugt beim Tiermemory. | Ein Spatz-Irrgang: Sperlingslabyrinth viel zu einfach. | Abgeklatscht: Fliege überlebt Freundschaftsgeste nicht. | Ganz dünnes Eis: Polarbär auf schmelzender Scholle hält Klimawandel für Verschwörungstheorie.

27 Do APR

to do

Könnt ihr euch vorstellen, wie glücklich Turmfalken waren, als die Menschen endlich Türme gebaut haben?

JETZT IS' MAL GNU!

„Es sind die Fantasten, die die Welt verändern, und nicht die Erbsenzähler." - *Sebastian Fitzek*

28 Fr APR

to do

APR 17

24.04 — 30.04

29 Sa

Häfft

30 So

24.04. THEGREFG (26) **25.04.** Emir Bayrak (20), Renée Zellweger (54), Al Pacino (83) **26.04.** Channing Tatum (43), Jordana Brewster (43), Kevin James (58) **27.04.** Lars & Sven Bender (34) **28.04.** Robin Schulz (36), Jessica Alba (42), Penélope Cruz (49) **29.04.** Michael „Bully" Herbig (55) **30.04.** Marc-André ter Stegen (31), Travis Scott (32), Ana de Armas (35), Kirsten Dunst (41), Johnny Galecki (48) | „Möchte mich verpuppen." - „Und dann ein Schmetterling werden?" - „Nee, nur verpuppen."

A | B

Stier
21.04.-20.05.

05:53 Uhr
20:37 Uhr

01 Mo MAI
Tag der Arbeit | Staatsfeiertag (AT)

Jobinterview „Und wie viel verdien ich da?" - „So 700 €." - „Boah, so wenig?" - „Das wird später mehr." - „Dann ruf ich später nochmal an." | „Was sind Ihre Gehaltsvorstellungen?" - „Wie viel Geld habt ihr denn?" | „Ihr Lebensmotto?" - „Erst das Vergnügen, dann die Arbeit." - „Wir melden uns." - „Lasst euch ruhig Zeit."

to do

„Sie haben da eine Lücke im Lebenslauf?" - „Da is mir'n Döner auf die Space-Taste geknallt."

02 Di MAI

„Geld und Erfolg verändern die Leute nicht; Sie verstärken nur was sowieso schon da ist."
- Will Smith

to do

Karma ist, wenn du bei Mario Kart eine Banane wirfst und in der nächsten Runde darauf ausrutschst.

03 Mi MAI
Tag der Pressefreiheit

#HaltdieFresseBild Dämliche BILD-Schlagzeilen zum Abgewöhnen: „Deutschland sozialistischer als China!" | „Diese Affenhitze - Werden wir jetzt alle Afrikaner?" | „Macht Harry Potter schwul?" | „Diese Schüler wollen einen Fahrstuhl in den Weltraum bauen!" | „150 Flüchtlinge pro Stunde - Wann ist die DDR leer?" | „Bin ich dumm, wenn ich noch arbeite?" | „Tötete er seine Frau mit Google?" | „Dummheit wird heilbar!"

to do

MAKE BREAK THE RULES.

Was für 1 Job: „Stör mich nicht, bin gerade voll im Flo!" - *Peter (49), Chirurg* | „Hab heute ein Reh überfahren. Das muss ich jetzt erstmal verarbeiten." - *Klaus (47), Metzger* | „Du fährst Schoiße!" - *Hartmut (56), Großbauer, teilt die Arbeit ein* | „Ich polier dir die Fresse." - *Susi (24), Zahnarztassistentin*

04 Do MAI

St. Florian (AT)

to do

Der erste Chirurg der Welt: *schneidet jemanden auf* „Okay ... Was zum Teufel mach ich gerade?"

Hipster: „Bitte nicht schubsen, ich habe meinen High Protein Cinnamon Flavor Porridge mit eingeweichten Datteln und regionalem Honig im Rucksa..." Ich: *schubst*

05 Fr MAI

to do

Das Wichtigste an einer Kostprobe ist das s.

06 Sa

Internationaler Anti-Diät-Tag

07 So

Weltlachtag

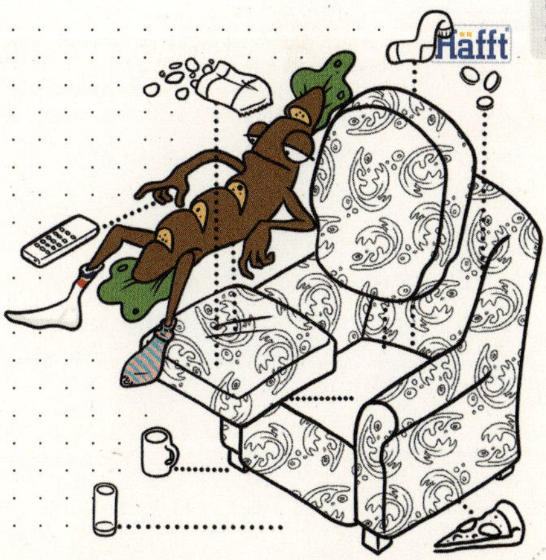

MAI 18

01.05 — 07.05

01.05. Charli D'Amelio (19), Fynn Kliemann (35) **02.05.** Julian Brandt (27), Vanessa Mai (31), Aylin König (33), Lily Allen (38), Ellie Kemper (43), David Beckham (48), Dwayne „The Rock" Johnson (51) **03.05.** Florian Wirtz (20), Aram Arami (30), Christina Hendricks (48) **04.05.** Leni Klum (19), Shanti Tan (27), Chris Tall (32), Jorge Lorenzo (36) **05.05.** Chris Brown (34), Adele (35), Henry Cavill (40) **06.05.** Meek Mill (36), George Clooney (62) **07.05.** Faker (27) | Ich kann Hunger und Langeweile nur schwer auseinanderhalten. ☹

A | B

Stier 21.04.-20.05.

05:40 Uhr
20:49 Uhr

08 Mo MAI

Herr, schmeiß Hirn vom Himmel: 2021 wurde ein 21-Jähriger in Mönchengladbach mit 116 bei erlaubten 50 km/h geblitzt. Die Ausrede, die er parat hatte, war sogar für die Polizei neu: „Ich habe den Wagen gewaschen und wollte ihn trockenfahren ...", sagte er zu seiner Verteidigung.

to do

Man kann mich nicht mit Autos beeindrucken. Es sei denn, es ist ein Food Truck.

09 Di MAI Europatag

„Wir laufen rückwärts, ich hoff, das ist den Menschen klar / Und so langsam kommen wir dem Ende nah / Kranke Seelen, jeder da draußen denkt: ‚Mir egal!' / Und tut so, als wär nichts und einfach auf sein Handy starrt. ... Während Kinder verhungern, sind wir Pelz am Tragen / Ge-Ge-Geld am Sparen, Be-Be-Benz am Fahren / Wie gesagt, wir kommen dem Ende nah / Der Zug ist abgefahren und du, jetzt denke nach." – *Haftbefehl*

to do

10 Mi MAI

Füße hoch, die kommen flach! In der Notaufnahme: „Was hamsn?" – „Klarspüler in die Augen bekommen." – „Warum nehmse denn keine Tabs?" | Warum verlief sich der Henker auf dem Heimweg? Er kannte nur die Hinrichtung. | Ist der Erzfeind von Wonderwoman Manstruation? | „Mir ist gestern das Handy aus dem 3. Stock runtergefallen, aber es sieht noch aus wie neu." – „Krass, wie kann das denn sein?" – „War im Flugmodus."

to do

„Ich könnt ewig so Eiter machen." – *Pickel (3 Tage), hochmotiviert*

11 Do MAI

Dieser Moment, wenn man die letzte Folge einer Serie gesehen hat und man sich so fühlt, als hätte man einen guten Freund verloren. | Wenn man Sushi mit zu viel Wasabi isst und sich denkt: „Wasabi nur gemacht?" | Dieser Moment beim Kochen, wenn man beim Lesen des Rezeptes plötzlich an die „Und nun alles über Nacht ruhen lassen"-Stelle kommt ...

to do

Nichts bringt einen näher an einen Herzinfarkt, als jemandem ein Bild auf dem Handy zu zeigen und plötzlich wischt er zum nächsten.

PARENTAL ADVISORY EXPLICIT CONTENT

12 Fr MAI

„Sorry, Mama!" Der griechische Tennisspieler Tsitsipas geriet bei einem ATP-Turnier so sehr in Rage, dass er beim wilden Herumgestikulieren mit dem Schläger seinen Trainer-Vater am Arm traf. Nun ebenfalls komplett in Rage, stieg seine Mutter über die Tribüne und hielt ihm eine Standpauke, die sich gewaschen hatte. Der Apfel fällt halt nicht weit vom Stamm.

to do

Lieber Gott, nimm bitte meiner Mutter die Emojis weg.

13 Sa

14 So

Muttertag

08.05. Jordyn Huitema (22), 6ix9ine (27), Chany Dakota (27), Enrique Iglesias (48) **09.05.** Noah Centineo (27), Audrina Patridge (38) **10.05.** SypherPK (27) **11.05.** Lana Condor (26), Cengiz Dogrul (33), Andrés Iniesta (39), Sascha Lobo (48) **12.05.** Leon Lovelock (33), Rami Malek (42) **13.05.** Heiko & Roman Lochmann (24), Julia Engelmann (31), Robert Pattinson (37) **14.05.** Pokimane (27), Martin Garrix (27), Mark Zuckerberg (39), Cate Blanchett (54), George Lucas (79) | Warum heißt es eigentlich Tennisspieler und nicht Schmetterling?

A B

Stier 21.04.-20.05.

05:28 Uhr
21:00 Uhr

15 Mo MAI

Letzte Eisheilige | Tag der Familie

Hey Fam! „Dein Hintergrundbild ist Justin Bieber?" - „Das ist mein Bruder." - „Dein Bruder ist Justin Bieber?" | „Meine Sis war vorhin hier." - „Wie geht's ihr?" - „WAS INTERESSIERST DU DICH SO FÜR MEINE SCHWESTER?!?" | „Wir hatten damals keine Handys." - „Dafür hattet ihr Dinosaurier."

to do

Mom: „Ugh, das Baby heult seit Stunden, kannst du mal?" Dad: „Sicher." *fängt an stundenlang rumzuheulen*

16 Di MAI

„Hast du Mama bei Tinder kennengelernt?" - „Gab's damals nicht!" - „Instagram?" - „Auch nicht." - „Wo denn im Internet?" - „Internet gab's auch noch nicht." - „Hat sie dir ihre Handynummer gegeben?" - „Handys gab's noch nicht!" - „Papa?" - „Ja." - „Eigentlich kennt ihr euch also gar nicht?" - „Genau!"

to do

17 Mi MAI

Bei den Olympischen Spielen 1920 in Antwerpen sorgte die Hymne Italiens für einen Shitstorm: Die Veranstalter konnten vor dem Wasserballspiel zwischen Italien und Schweden die richtige Schallplatte nicht finden, weshalb kurzerhand „'O sole mio" abgespielt wurde. Erzürnt über den Cringe boykottierten die Italiener das Spiel, nur einer stellte sich den Skandinaviern, gab dann aber schließlich beim Stand von 7:0 auf.

to do

„Soll ich auf Türkisch bestellen?" - „Nein, ich spreche Deutsch." - „Ich hab's extra auswendig gelernt." - „Na gut, was darf's sein?" - „Pommes."

Because I said so!

Dadjokes „Und das, mein Sohn, wird alles eines Tages einmal dir gehören.“ - „Sind das Pfandbons?“ | „Papa, hilf mir mal, hier kann man ein Pferd gewinnen, wenn man weiß, wie lange eine Stute trächtig ist.“ - „Dann schreib 48 Stunden.“ | „Papa, hast du ein Lieblingskind?“ - „Das auf der Kinder Schokolade.“

18 Do MAI

Christi Himmelfahrt | Vatertag

to do

„Was ist das für ein Vogel, Papa?“ - „Ein kleiner brauner.“ - „Und wie heißt der?“ - „Hinnerk!“

▶ ◉---------- 00:49
„Kann mir die Sprachnachricht grad nicht anhören, was gibt's denn?“
▶ ◉---------- 02:16

19 Fr MAI

to do

Ich: „Ruf an, wenn was ist.“ Auch ich: *stellt Handy auf stumm und geht schlafen*

20 Sa

21 So

Internationaler Museumstag

15.05. Birdy (27), Andy Murray (36), Maxim (41) **16.05.** Matteo Markus Bok (20), Fero47 (25), Megan Fox (37) **17.05.** Udo Lindenberg (77) **18.05.** Jesse Cox (42), Sebastian Bezzel (52), Tina Fey (53), Thomas Gottschalk (73) **19.05.** Sam Smith (31) **20.05.** Jan-Christoph Meyer (33), Busta Rhymes (51) **21.05.** Mario Mandžukić (37) | „Wie sprecht ihr euch in der Schule an? Digga?“ - „Nein. Beim Vornamen.“ - „Bro?“ - „Einfach Vornamen.“ - „Bratan?“ - „Vornamen!“ - „Brudi?“ - „EINFACH BEIM VORNAMEN! GUTE NACHT, PAPA.“ - „Nachti, Homie.“

A | B

Stier
21.04. - 20.05.

05:19 Uhr
21:10 Uhr

22 Mo MAI

Am 22. Mai 2010 tauschte ein Programmierer aus den USA 10.000 Bitcoins gegen zwei Pizzen einer Restaurantkette. Er war damit der erste Mensch, der etwas mit der Kryptowährung gekauft hatte. Damals waren 10.000 Bitcoins lediglich rund 41 Dollar wert. Zehn Jahre später entsprach der Wert von 10.000 Bitcoins bereits über 330 Millionen $. In Erinnerung an diesen Megadeal ging der 22. Mai daher als „Bitcoin Pizza Day" in die Geschichte ein.

to do

„Wenn du nur einen Belag auf deiner Pizza haben könntest, welcher wär das?" - „Hunderter."

23 Di MAI

Was fehlt: Kartoffeldruck, aber als Synonym für Bock auf Pommes. | Cancel Culture, aber als Bezeichnung für einen Lebensstil, der daraus besteht, richtig viele Pläne kurzfristig abzusagen. | Ein Bällebad, aber aus Ferrero Rocher. | Release Radar für Eistee. | Stille als Raumduft. | „Paracetamol!" als bayrischer Fluch.

to do

„Da ist eine Fliege in meiner Suppe." Kellner: „Oh das tut mir leid." *wirft Spinne in die Suppe* „Die wird sich gleich drum kümmern."

24 Mi MAI

Häfftiger Partysnack für Dummies: Supereasy Pizzaschnecken! Einfach einen Fertig-Pizzateig ausrollen, Tomatensoße, Käse und Belag nach Belieben drauf, das Ganze eng zusammenrollen und in Scheiben schneiden. Jetzt die Schnecken auf ein mit Backpapier ausgelegtes Backblech legen, mit genug Käse bestreuen und bei 200 Grad ca. 15 Min. backen, bis sie goldgelb und knusprig sind.

to do

Gerade festgestellt, dass in das Pizzafach meines Rucksacks auch ein Laptop reinpasst.

IN GERMANY WE SAY: "Richtiger Süssi!"

will Essen bestellen für 8,90 € [Mindestbestellwert 10 €] *bestellt Essen für 34,80 €* | „Was sind das für leckere dunkle Kräuter in der Soße?" - „Teflon." | Überflüssige Kalorien werden durch mit Käse überbacken abgetötet. | „In der Schale stecken die meisten Vitamine!" *beißt in Ananas*

25 Do MAI

to do

Wer in seine Suppe weint, hat mehr von ihr.

GET HYPED

„Du hast dieses eine Leben. Wie willst du es verbringen? Entschuldigend? Bedauernd? Kritisch? Dich selbst hassend? Diät haltend? Indem du Menschen hinterherläufst, die dich nicht sehen? Sei mutig. Glaube an dich. Mach, was sich gut anfühlt. Gehe Risiken ein. Du hast dieses eine Leben. Mach dich selbst stolz."– *Bob Marley*

26 Fr MAI

to do

MAI 21

22.05 — 28.05

27 Sa

28 So

Pfingstsonntag

22.05. Joshua Zirkzee (22), Karoline Herfurth (39), Novak Đjokovic (36), Naomi Campbell (53) **23.05.** Lena Meyer-Landrut (32), Tom Tykwer (58) **24.05.** Myth (24) **25.05.** Ian McKellen (84) **26.05.** 2Bough (36), Matt Stone (52), Lenny Kravitz (59) **27.05.** Jamie Oliver (48) **28.05.** Larissa Rieß (35), Ufo361 (35), Carey Mulligan (38), Nela Lee (43), Kylie Minogue (55) | Ich hasse es, wenn außer mir nichts Süßes im Haus ist. ☹

A B

Zwillinge 21.05.-21.06.

05:11 Uhr
21:19 Uhr

29 Mo MAI
Pfingstmontag

„Ihr werdet nie wieder eine Lamborghini-Werbung im Fernsehen sehen. Die Leute, die sich einen Lamborghini leisten können, haben Besseres zu tun, als faul auf dem Sofa vor dem Fernseher zu sitzen."
– *Ferruccio Lamborghini*

PINK *is the new* **BLACK**

to do

30 Di MAI

Halbwissen Wenn sich 2 Peter in einem Raum befinden, erhöht sich die Fläche dieses Raumes um 1 Quadratpeter. | Hildegard von Bingen war die erste Frau, die Serien am Stück geschaut hat statt immer nur eine Folge. | Das Saarland ist in etwa einmal so groß wie das Saarland und wurde ursprünglich einmal als Flächenmaßstab für Waldbrände entwickelt. | Marie Curie ist die Erfinderin der Curiewurst.

wer mir FOLGT ist doof.

to do

Gewinnspiel auf RTL: „Wer lebt im Meer?" A: Hai B: Schönen guten Tag

31 Mi MAI
Weltnichtrauchertag

Frankreich möchte als weltweit erstes Land Tabakkonzerne an den Kosten zur Beseitigung von weggeworfenen Kippenstummeln beteiligen. Im Raum steht dabei eine Summe von jährlich 80 Millionen Euro, die neben dem bloßen Wegräumen von Zigarettenstummeln auch in gesundheitliche Aufklärung investiert werden sollen.

to do

„Jede Wahrheit durchläuft drei Stufen: Erst erscheint sie lächerlich, dann wird sie bekämpft, schließlich ist sie selbstverständlich." – *Arthur Schopenhauer*

I'M VERY BUSY.

Seit einer Stunde versuche ich mir einen Witz über Zeitverschwendung auszudenken. Vielleicht lieber doch ein Bahnwitz, aber kA, ob der ankommt. Hab auch noch einen neuen Fahrradwitz, aber den Fahrrad ich ned. Hätte auch noch 'nen Witz über den Kohleausstieg, aber der kommt erst 2038.

01 Do JUN

to do

Neulich Chemiewitz erzählt. Keine Reaktion.

Ich: „Sorry, ich habe echt keine Zeit."
Auch ich: *suche 5 Minuten lang das perfekte GIF als Reaktion auf eine Nachricht*

02 Fr JUN

to do

Meine geheime Superkraft ist geheim. Und super.

03 Sa

Tag des Fahrrades

04 So

29.05. Elyas M'Barek (41), Noel Gallagher (56) **30.05.** Jazmyn Bieber (15) **31.05.** Marco Reus (34), Colin Farrell (47), Clint Eastwood (93) **01.06.** Tom Holland (27), Sofia Tsakiridou (30), Heidi Klum (50), Morgan Freeman (86) **02.06.** Shroud (29), Mois (32), Sibylle Berg (61) **03.06.** Lukas Rieger (24), Louis Hofmann (26), Lukas Klostermann (27), Mario Götze (31), Rafael Nadal (37) **04.06.** Noemi Nikita (21), Farid Bang (37), Lukas Podolski (38), Bar Refaeli (38), RAF Camora (39), Russell Brand (48), Angelina Jolie (48) |

A B

Zwillinge
21.05.-21.06.

05:06 Uhr
21:26 Uhr

05 Mo JUN
Weltumwelttag

Welt retten 2.0 Immer öfter organisieren putzwillige Naturfreunde über Social Media sogenannte Clean-ups, bei denen sie Müll sammeln, den andere achtlos in die Natur gefeuert haben. Also tu auch du deiner Umwelt mal was Gutes, in deiner Nähe gibt's sicher auch genug Müll zum Wegräumen!

to do

Einen großen Kaffee und ein Raumschiff, bitte.

06 Di JUN

Mit Laserkanonen Kuhkacke erschießen? Englische Forscher wollen so Kuhmist von umweltschädlichem Methan und Ammoniak befreien und damit den Klimwandel verlangsamen. Die Wissenschaftler beschießen den Auswurf der Tiere mit Plasmastrahlen, um dessen schädliche Bestandteile aufzulösen. Ergebnis: Die Plasmabehandlung wirkt, die Schadstoffe im Kuhdung werden erfolgreich zerstört. Bauern mit Phasern, das nächste große Ding?

to do

07 Mi JUN

„Jeder hat das Recht auf eine eigene Meinung - aber nicht auf eigene Fakten: Der Klimawandel ist lebensbedrohlich - für jeden Menschen in jedem Winkel der Erde. Der Klimawandel ist menschengemacht."
- *Eckart von Hirschhausen*

to do

„Wer hat Angst vorm Klimawandel?!?" - „NIIIIIEEEEEMMAAAAND!!" - „Und wenn er aber kommt?!" - „Dann fahren wir mit dem SUV davon!!"

Nachhaltiger Cringe „Hey sorry, weiß zufällig jemand, wie morgen bei der Klimademo die Parkmöglichkeiten sind, wir kommen extra aus dem Prenzlauer Berg nach Mitte dafür?" | „Bei uns reichen Leuten ist das so: Wenn die Katze Hunger hat, schmeißen wir sie weg und kaufen uns 'ne satte." | „Hat der Thunfisch Bio-Qualität?" – „Na, klar! Und vegan ist der auch, hat sein ganzes Leben nur Algen gefuttert!"

08 Do JUN

Fronleichnam

to do

Pastabot Prime versucht mir noch eine Bowl voll Pasta zu reichen Ich: „OMG, nicht jetzt, Pastabot!"

„Eine Welt, in der Greta Thunberg für ihr Engagement gehatet wird, ist eine kranke Welt. Unsere Nachfahren werden uns verfluchen für unsere Verbrechen der Umwelt gegenüber. Ich geh später bissi Müll aus Gebüschen fischen." – *Hanybal*

09 Fr JUN

to do

Wenn Autos so viel Freiheit bedeuten, warum fahren dann alle immer nur damit zur Arbeit?

JUN 23

05.06 — 11.06

10 Sa

11 So

05.06. Ninja (32), Mark Wahlberg (52) **06.06.** Ops1x (24) **07.06.** Michael Cera (35), Anna Kournikova (42) **08.06.** Kanye West (46) **09.06.** Pietro Lombardi (31), Natalie Portman (42), Miroslav Klose (45), Johnny Depp (60), Michael J. Fox (62) **10.06.** Helena Zengel (15), Kate Upton (31) **11.06.** Kai Havertz (24), Shia LaBeouf (37), Paul Kalkbrenner (46), Christian Streich (58) | Schwimmen zwei SUVs mit „Gib Greta keine Chance"-Aufklebern durch die Innenstadt. Sagt der eine SUV zum anderen: „Konnte doch keiner wissen."

A B

Zwillinge
21.05.-21.06.

05:03 Uhr
21:32 Uhr

12 Mo JUN

Kennt ihr auch diese Menschen, die andauernd Redewendungen falsch benutzen? Die nerven wie Drahtseile! | Wenn es um Sprichworte geht, weiß ich, wie der Hase weht. | Wo ein Willis, ist auch ein Bruce. | Unruhige Wasser sind flach. | Hartmut kommt vor dem Fall. | Das Leben ist kein Ponyschlecken!

DON'T WORRY, BE YONCE!

to do

13 Di JUN

Qualmende Socken und stinkende Sneaker - wie soll man so fresher denn je sein? Kein Stress, mit diesem Trick kriegst du deine Latschen wieder frisch! Einfach Natron (aus der Backabteilung im Supermarkt) in die Schuhe streuen, ein bis zwei Tage stehen lassen und dann gründlich ausschütteln. Hartnäckigen Rückständen kannst du mit dem Staubsauger auf die Pelle rücken.

to do

Besucher: „Soll ich die Schuhe ausziehen?" Ich: „Lass lieber, sonst kriegst du doch ganz dreckige Socken, lol!"

14 Mi JUN

Smalltalk kann ich: „Wie warst du so als Kind?" - „Klein." | „Hast du Hobbys?" - „In Ruhe gelassen werden." | „Alter, siehst du heute fit aus!" - „Jaja, das sagt man mir oft." - „Dass du fit aussiehst?" - „Nein. Alter." | Kassiererin: „Schönen Tag noch." Ich: „Nein danke, brauch ich nicht." | „Bist du gegen was allergisch?" - „Ja, gegen Kritik." - „Das is ja voll lame." *erstickt*

TOLD YOU SO!

to do

Er: „Woran denkst du?" Sie: *versucht herauszufinden, ob Zentauren technisch gesehen als Insekten gelten, weil sie 6 Beine haben* „Ähm, nur Mädchenkram."

Berliner Konversationen be like: Erster Dude: „Wedding ist ja gerade sehr im Kommen." Zweiter Dude: „Wedding ist sehr im Kommen, seit ich nach Berlin gezogen bin." Dritter Dude: „Wedding ist sehr im Kommen, seit ich nach Berlin gezogen bin." Vierter Dude: „Wollt grad sagen."

15 Do JUN

to do

„Sag mir, wer deine Freunde sind und ich sag dir, wer du bist." - „Wer deine Freunde sind." - „Wer du bist." - „Danke." - „Bitte."

„Believe in your flyness, conquer your shyness." - *Kanye West*

16 Fr JUN

to do

JUN 24

12.06 — 18.06

17 Sa

18 So

12.06. Eno (25), Philippe Coutinho (31), Dave Franco (38), Nora Tschirner (42), Adriana Lima (42) **13.06.** GamerBrother (25), Kingsley Coman (27), Aaron Taylor-Johnson (33), Chris Evans (42) **15.06.** Nico K.I.Z. (40), Neil Patrick Harris (50), Leah Remini (53), Oliver Kahn (54), Ice Cube (54) **16.06.** John Newman (33), Daniel Brühl (45), Jürgen Klopp (56) **17.06.** Lisa und Lena M. (21), Kendrick Lamar (36), Venus Williams (43) **18.06.** Eno (26), Richard Madden (37), Angry Joe (39), Philipp Poisel (40), Paul McCartney (81)

A B

Zwillinge
21.05.-21.06.

05:02 Uhr
21:36 Uhr

19 Mo JUN

Venida Crabtree aus dem englischen Oxford brauchte nur 2000 Praxisstunden und 40 Fahrprüfungen, bis sie nach 33 Jahren endlich ihren Führerschein abholen durfte. Der Schein hat sie so gerade mal läppische 40.000 € gekostet. Dennoch lasse sie lieber ihren Mann fahren, sagt die Britin.

to do

Auf dem Merkur dauert ein Tag 1408 Stunden. Genauso wie ein Montag auf der Erde.

20 Di JUN
Weltflüchtlingstag

„Integration ist für mich, dass jeder mit seiner Identität in einer Gesellschaft leben darf. Und das ist für mich: sich nicht verbiegen und anpassen und kleiner machen, als man ist. Das ist: zu sich selbst stehen." - *MoTrip*

to do

21 Mi JUN
Tag des Schlafes | Sommeranfang

So müde, ich könnte ein ganzes Doppelbett alleine vollschlafen. | Ich bin „Mett" - halb Mensch, halb Bett. | Geschlafen wie ein Stein: Gut geschlafen. Geschlafen wie Einstein: Relativ gut geschlafen. | Wär ich Ikeamöbel, mein Name wäre VOLMYDE. | SLEEP TEST 🛏 IF YOU TOUCH THE BED, GO TO SLEEP!

to do

Ich: „Man, ich bin voll müde vom Rumgammeln." Auch ich, nachts um 2:00 Uhr: „Ok, nur noch eine Quest, dann geh ich pennen."

Der Londoner Forscher Daniel Frings beschäftigt sich mit dem Einfluss von Müdigkeit auf Teamfähigkeit. Die Ergebnisse seiner Forschung überraschen: Müde Menschen scheinen teamfähiger zu sein. In einer Studie mit Offiziersanwärtern fand er heraus, dass muntere Einzelkämpfer in Tests zwar besser abschnitten als müde, Aufgaben, die echte Teamarbeit verlangten, konnten müde Gruppen dagegen besser erledigen als wache.

22 Do JUN

to do

Nerd sein ist überbewertet. Um circa 23,69 %.

Schön für dich...

Kontext is King: „Dir hätte es gefallen", aber als Beleidigung. | „Morgen ist auch noch ein Tag", als Drohung. | „Die 80er sind zurück!", aber als Warnung. | „What a time to be alive!", aber als Ausruf der Bestürzung. | „Hast du einen kurzen Moment?" - „Für dich hass ich sogar den ganzen Tag."

23 Fr JUN

to do

[Job-Interview] „Erzählen Sie mir doch mal von ihren Hobbys." - „Nun, ich genieße es wirklich, mich um meine eigenen Angelegenheiten zu kümmern."

24 Sa

25 So

19.06. Dirk Nowitzki (45), Zoe Saldana (45) **21.06.** Lana Del Rey (38), Edward Snowden (40), Prinz William (41), Chris Pratt (44), Juliette Lewis (50) **22.06.** Dan Brown (59), Campino (61) **23.06.** Duffy (39), Melissa Rauch (43), Wolff-Christoph Fuss (47), Joel Edgerton (49), Selma Blair (51) **24.06.** David Alaba (31), Lionel Messi (36), Solange Knowles (37) **25.06.** Dner (29) | *Sieht süßen Hund auf der Straße* „Aaawww, der hat ja 'ne Schleife an seinem Halsband." 😎 Hundebesitzerin: „Nee, das is nur sein Kackbeutel."

A | B

Krebs
22.06.-22.07.

05:04 Uhr
21:37 Uhr

26 Mo JUN

Man könnte meinen, Faultiere und Schnecken seien die langsamsten Tiere der Welt. Einige Unterwasserkreaturen würden das als Fake News bezeichnen, denn sie sind viel lahmer unterwegs! Seeanemone, Seestern oder auch Seepferdchen sind richtige Speedster, mit atemberaubenden Geschwindigkeiten von 0,0001 bis 0,015 km/h. Alle drei würden in einem Inter-Spezies-Rennen vom Faultier und der Riesenschildkröte locker überholt werden.

to do

„Die Arbeit ist unnatürlich. Die Faulheit allein ist göttlich." - *Anatole France*

27 Di JUN

Siebenschläfertag

Stell dir mal vor, ein Faultier beißt dich, du wirst zu einem Werfaultier und am Tag nach jedem Vollmond bist du einfach nur mega ausgeruht.

to do

„Des Nachmittags eine Biene mich stach." - „Ach deswegen redest du so geschwollen."

28 Mi JUN

Beginn Opferfest (Islam)

Beste Tier: Wie macht ein zehn Tonnen schwerer Spatz auf einem Ast? „Tschüüüüiiiiiiiiiiiiiiiieeeeeeeeeeeeeep!" | <(°) Der Tukan für Arme iz da! <(°) | Wenn ein Waschbär viel trainiert, wird er dann zur Waschmaschine? | Schneckenspion: „Ihr kriegt mich niemals lebend." *beißt auf Salzkapsel*

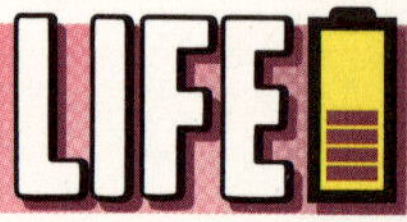

to do

Wo betrinkt sich eine Mücke am liebsten? In Sekt.

SHHH! NOBODY CARES!

Immer schön freundlich bleiben: „In dem Licht siehst du einfach perfekt aus." - „Es ist aus!" - „Perfekt." | „Entschuldigung, haben Sie eine Brille, die zu meinem Gesicht passt?" - „Ja, auf der Toilette." | „Kommst du noch auf einen Kaffee mit rauf?" - „Kannst du mir den Kaffee auch runterbringen?" | „Das ist ja interessant." - „Interessant ist der kleine Bruder von interessiert mich nicht." - „Wirklich? Interessant."

29 Do JUN

to do

Mach dir keine Gedanken, wenn du die erste Regel des Passiv-aggressiv-Clubs vergessen hast, ist schon in Ordnung.

„Respekt ist, wie man alle behandelt, nicht nur die, die man beeindrucken will."
- Richard Branson

30 Fr JUN

to do

01 Sa

02 So

26.06. Ariana Grande (30) **27.06.** Nico Rosberg (38), Khloé Kardashian (39), Money Boy (42) **28.06.** Reezy (28), RIN (29), Kevin De Bruyne (32), Markiplier (34), Felicia Day (44), Hans Sarpei (47), Elon Musk (52) **29.06.** Jude Bellingham (20), Emilio Sakraya (27), Philipp Laude (33), Gzuz (35) **30.06.** Mike Tyson (57) **01.07.** Anna Catify (26), Léa Seydoux (38), Liv Tyler (46) **02.07.** Margot Robbie (33), Lindsay Lohan (37), Ashley Tisdale (38) |

A B

Krebs
22.06.-22.07.

05:08 Uhr
21:36 Uhr

03 Mo JUL

Schon gewusst? Deutsche haben Schluckauf, Schweizer hennt Gluggsi. | Mansplaining heißt auf Deutsch beherberten. | 69 % aller Personen finden in jedem Satz etwas Versautes. | Männer, die sich schminken, sind geschminkt. | Der Finishing Move wurde von finnischen Wissenschaftlern erfunden.

to do

28° C im Schlafzimmer, das sind 56 Mark, und die sind immerhin 133° Fahrenheit, in Hundejahren also 931.

04 Di JUL

Amerik. Unabhängigkeitstag

„Ich verstehe nicht, was amerikanischer sein soll, als für Freiheit und Gerechtigkeit zu kämpfen, für die Gleichberechtigung, für die dieses Land steht. Für mich ist es sehr patriotisch, die Vereinigten Staaten auf die Werte zu erheben, nach denen man hier angeblich lebt." – *Colin Kaepernick*

to do

05 Mi JUL

Ich: „Och menno, ich kann echt nie sagen, ob jemand mit mir flirtet oder einfach nur freundlich sein will." ☹
Mein Date: „Hmmmmmmm, vielleicht sollten wir uns einfach küssen, bis du es herausfindest."
Ich: „Auf die Stirn?"

to do

Astronaut: „Houston, wir haben ein Problem." Mission Control: „Was ist?" Astronaut: „I hab Angst."

Willst du drüber knutschn?

Erstes Date: Sie: „Ich möchte nichts Festes gerade." Er: „Okay, dann nimm doch einfach 'ne Suppe." | [Erstes Date] Sie: „Das hat soooooo viel Spaß gemacht." Er: [versucht cool zu bleiben] „Nicht wirklich." | [Erstes Date] „Magst du Hunde oder lieber Katzen?" Ich: *studiere Speisekarte* „Auf welcher Seite bist du?"

06 Do JUL

Internationaler Tag des Kusses

to do

Date: „Ich erzähl gern Dad-Jokes." Ich: „Lacht er dann???"

Eine Million Sekunden sind weniger als 12 Tage. Eine Milliarde Sekunden sind fast 32 Jahre.

07 Fr JUL

to do

Entweder schreib ich nach 10 Sekunden zurück oder nie. Dazwischen gibt's nichts.

08 Sa

Häfft

09 So

03.07. Reved (23), Sebastian Vettel (36), Tom Cruise (61) **04.07.** Post Malone (28), Patrick Groetzki (34) **05.07.** Bonnie Strange (37) **06.07.** Levinhotho (22), Elias Harris (34), Melissa Lee (34), Eva Green (43), 50 Cent (48), Sylvester Stallone (77) **07.07.** Toni Garrn (31), Knossi (37), Ringo Starr (83) **08.07.** Jaden Smith (25), Maya Hawke (25), Lorena Rae (29), Kevin Trapp (33), Kevin Bacon (65) **09.07.** Pamela Reif (27), KellyMissesVlog (30), Lea (31), Tom Hanks (67) | Sorry I didn't text u back, I've been busy texting people. ☺

A | B

Krebs
22.06.-22.07.

05:14 Uhr
21:32 Uhr

10 Mo JUL

Starke Schmerzen Ich mache eine Weltreise, bis mir das Geld ausgeht. Gegen 14 Uhr werde ich wohl zurück sein. | Eigentlich wäre ich ja Youtube-Millionär, aber ich bin leider allergisch auf LED-Licht. 😒 | Wenn ich ein Weilchen im Internet war und danach vom Handy hochschaue, fühlt es sich irgendwie an, als hätte ich die Wasseroberfläche durchstoßen und ich muss dann erstmal nach Luft schnappen.

to do

Schlimmste an Selfcare ist, dass man sich selber drum kümmern muss.

11 Di JUL

Die etwa 1 mm großen Bärtierchen (aka Tardigrada) sind extrem hart im Nehmen. Die winzigen Gesellen tolerieren Umweltbedingungen, die für die meisten anderen Tiere tödlich wären: extreme Kälte, radioaktive Strahlung und Sauerstoffmangel. Ihr Trick dabei: In einem todesähnlichen Zustand, der Kryptobiose, warten sie während widrigen Umständen auf bessere Zeiten. Eine Schwachstelle haben sie allerdings doch: lang andauernde Hitze.

to do

12 Mi JUL

Todeslost sein Urgroßvater: „Haben sie Wasabi?" - „Ne, mittlere Reife." | „Wir brauchen noch Frosch-Reiniger." - „Wir haben FRÖSCHE???" | „Stefan mit Ph? Also Phefan?" 🙄 | „Mama, warum sagen alle, dass ich verwirrt bin?" - „Geh BITTE heim, Junge, du wohnst nebenan."

to do

Doku über Faultiere: „Manche Faultiere fahren ihren Kreislauf so weit runter, dass sie aus Versehen sterben." Hab mich jetzt erstmal ordentlich hingesetzt. 😌

PEOPLE SUCK!

Ich, per Messenger: „Leute, ich bin schon 15 Min früher am Treffpunkt." Alle anderen: „Komm bissl später." - „Hab den Bus verpasst." - „Das war heute?" - „Bin am falschen Treffpunkt." - „Wer sind Sie?"

13 Do JUL

to do

Ich hasse es, wenn ich auf Nachrichten, die ich nicht abgeschickt habe, keine Antwort bekomme.

Beach please!

„Wo auch immer ich bin, erwische ich mich dabei, wie ich aus dem Fenster schaue und mir wünsche, irgendwo anders zu sein." - *Angelina Jolie*

14 Fr JUL

to do

Stell dir vor, du bist so reich, dass du sommer als Verb benutzt.

15 Sa

16 So

10.07. Enyadres (24), Almila Bagriacik (33), Sofia Vergara (51) **11.07.** Alessia Cara (27), Mona Barthel (33) **12.07.** Brock Lesnar (46) **13.07.** Ken Jeong (54), Günther Jauch (67), Harrison Ford (81), Patrick Stewart (83) **14.07.** Serge Gnabry (28), Dan Reynolds (36), Martina Hill (49), Jane Lynch (63) **15.07.** Iain Armitage (15), Yahya Abdul-Mateen II (37), Diane Kruger (47) **16.07.** Luke Hemmings (27), Jayma Mays (44), Will Ferrell (56) | Ich: *greift zum Bullauge* „Ich lass nur bissl frische Luft rein." U-Boot-Kapitän: „Was?"

Häfft

In deinem nächsten Traum wirst du mit ...

Dein Geburtstag: **01** Angela Merkel **02** Rezo **03** Drake **04** Erling Haaland **05** Frankenstein **06** Annalena Baerbock **07** Tanzverbot **08** Miley Cyrus **09** Rihanna **10** Karl Lauterbach **11** Tom Holland **12** Shirin David **13** Elon Musk **14** Knossi **15** Billie Eilish **16** Capital Bra **17** Peppa Pig **18** Hansi Flick **19** Ariana Grande **20** Markus Söder **21** Greta Thunberg **22** Bill Gates **23** maiLab **24** Farid Bang **25** Olaf Scholz **26** Anders Vejrgang **27** Badmómzjay **28** Montana Black **29** Jamal Musiala **30** Markus Lanz **31** Bushido

+ Dein Geburtsmonat: **JANUAR** auf dem Weg zum Mars **FEBRUAR** vorm Späti am Block **MÄRZ** in einem Meer aus Welpen **APRIL** im Auftrag der Ampel-Koalition **MAI** nur mit einer Haarnadel und Kaugummi ausgerüstet **JUNI** am Rand des Wahnsinns **JULI** im Gönnungsmodus **AUGUST** undercover **SEPTEMBER** ohne jede Anstrengung **OKTOBER** in absoluter Weltrekordzeit **NOVEMBER** in einer Zeitschleife gefangen **DEZEMBER** in einem Anfall von Selbstüberschätzung

+ Deine Lieblingsfarbe: **BLAU** Cringe neu definieren. **ROT** den Mond kolonisieren. **GELB** die Tränen eurer Feinde schlürfen. **ORANGE** Squid Game nachspielen. **GRAU** komische Listen erstellen. **GRÜN** eine Shishabar in Bielefeld eröffnen. **PINK** das Patriarchat beenden. **SCHWARZ** die Beine baumeln lassen. **WEIß** todeslost sein Urgroßvater sein. **GOLD** vollständig mit Käse überbacken. **BRAUN** Richtung Sonnenuntergang laufen. **ICH MAG KEINE FARBEN** an Realitätsverlust leiden.

17 Mo JUL

Zeit für eine kurze Werbeunterbrechung! Für alle, denen der Sinn nach mal was anderem steht, die sich ein Upgrade zum Hardcover mit Lesebändchen & Co. gönnen wollen oder die eigentlich lieber einen Timer für das Kalenderjahr hätten: Wir haben da einen ganz heißen Tipp! Unser Häfft Timer bringt all das mit und begleitet euch in der Schule, der Ausbildung und der Studienzeit. Jedes Jahr neu mit einer starken Coverauswahl!

to do

18 Di JUL

Ich: *verbrenne auf Erde* „Ich hätte nicht die ganzen Plastikstrohhalme benutzen sollen."
Milliardäre: *fliegen in Spaceyacht davon* „Du hättest nicht die ganzen Plastikstrohhalme benutzen sollen."

to do

Noah: „Es regnet gleich, beeilt euch, ihr zwei!" Einhorn Franz: „Wuuhuu, mir hams gschafft!" Einhorn Hans: „Aber grod so!"

19 Mi JUL

Endlevelcringe: „Was ist eigentlich cringe?" - „So ähnlich wie awkward." | „Mein Freund löscht jedes Mal den Browserverlauf, wenn er am PC war, damit ich mehr Speicherplatz habe. Ist er nicht toll?" 😍 | „Krass, das sieht aus wie ein E-Mail-Symbol!" - „Das ist ein Brief." | „Mein 14-jähriger Sohn hat plötzlich in seinem Zimmer einen sehr hohen Taschentuchverbrauch, ob er Corona hat?" 🤔

Teenstaub
LOADING

to do

„Boah, mit 14 war ich ja SOOO cringe!" - *Lisa (15), immer noch cringe*

TO BE CONTINUED...

Realtalk – Die Zerstörung: Die Menschen sind nicht dümmer als früher, nur lauter. | Die kompliziertesten Mädchen, die ich kenne, sind Männer. | Zu früh ist auch unpünktlich. | Der Erde ist es übrigens völlig egal, ob ihr Klima mit den Bedürfnissen einer bösartigen Affenart kompatibel ist. | Die PIN ist 1234. | Niemand sollte nach dem Mittagessen arbeiten müssen. | Die letzte Veranstaltung auf Erden wird ein Fußballspiel sein.

20 Do JUL

to do

Nachts vorm offenen Kühlschrank sind wir alle würdelos.

XOXO

„Die Menschen werden vergessen, was du gesagt hast. Die Menschen werden vergessen, was du getan hast. Aber die Menschen werden nie vergessen, wie sie sich in deiner Gegenwart gefühlt haben." – *Maya Angelou*

21 Fr JUL

to do

Abschied nehmen tut nur weh, wenn jemand „Ciao Kakao" sagt.

22 Sa

23 So

17.07. Angela Merkel (69), David Hasselhoff (71), Donald Sutherland (88) **18.07.** Priyanka Chopra (41), Kristen Bell (43), Vin Diesel (56) **19.07.** Benedict Cumberbatch (47), Vitali Klitschko (52) **20.07.** Gisele Bündchen (43) **21.07.** Castro (32), Erling Haaland (23), Juno Temple (34), Josh Hartnett (45) **22.07.** Selena Gomez (31), Maryam Zaree (40) **23.07.** Daniel Radcliffe (34), Julian Nagelsmann (36), Woody Harrelson (62) | Ich hoffe einfach nur, dass die Menschen mich anders wahrnehmen als meine Frontkamera.

A | B

Krebs
22.06.-22.07.

05:30 Uhr
21:18 Uhr

24 Juli
Montag

Kaum macht man 'ne kleine Lernpause, schon ist das Schuljahr vorbei. ☢

25 Juli
DIENSTAG

HÄFFT Haufen

26 JULI
MittWOCH

27 JULI
Donnerstag

28 JULI
Freitag

13 Jahre Schule, Abitur, großes Latinum. Und was aus der Schulzeit hängen blieb, ist, wie man die Monatslänge anhand der Fingerknöchel abzählen kann.

MEHR VON UNS...

Häfft-Planer

Alles drin: Infos, freche Sprüche und Comics, Sticker und das Maximum an Funktionalität! Gibt's in A5-Broschur als Hausaufgabenheft und als Planer Premium mit stylischem Gummiband und transparenter Spirale.

Häfft-Timer

Perfekt für Oberstufe, Ausbildung und Studium! Dezentes Design trifft auf viel Platz für eigene Kreativität. Typografie, Inspiration satt, zahlreiche Fun Facts und witzige Sprüche – so kann Langeweile gar nicht erst entstehen!

Gibt's auch in einer Jahresversion für den Zeitraum Januar bis Dezember 2023!

Schuljahres-Wandkalender

Komplette Infos, kompakte Ansicht: der Wandkalender gehört einfach neben jeden Schreibtisch!
Das ganze Jahr wird auf einen Blick erfasst, und dank der Schulferien- und Feiertagsübersicht ist der nächste schulfreie Tag immer in Sicht. Für flexible Planung auch mit Bleistift beschreibbar.

Für Sprachen, Naturwissenschaften und Musik ...

Vokabel-Häfft

Der ultimative Begleiter für alle, die Englisch, Französisch, Latein oder andere Sprachen pauken müssen. Dank des cleveren Aufbaus geht es gut gelaunt durch den Schulalltag. Im Gepäck immer dabei: Sticker und Grammatik, Sprüche und Spicker – ähhh – Sprachlerntipps, natürlich!

Vokabelhefte auch als A5, A6 zweispaltig & A4 dreispaltig

Mathe-, Physik-, Chemie-Häfft

Natur(wissenschaften) pur! Auch für Mathe, Physik und Chemie gibt's die ultimativen Helfer von Häfft. Formeln, Übersichten und kompakte Erklärungen für jede Eventualität machen diese A4-Schul-Häffte unentbehrlich. Konzentriertes Wissen zum effektiven Einprägen + die Extradosis Spaß!

Musik-Häfft

Geplagt von Quintenzirkel & Co? Das muss nicht sein! Eingedampft auf praktische Übersichten ist in diesem Notenheft alles enthalten, das man braucht, um im Musikunterricht zu glänzen. Multifunktionell durch Notenlineatur plus Karo, witzig durch Sprüche, Zitate und allerhand Gimmicks zum Thema Musik.

Musik-Häfft erhältlich in A4, A5 & A5 quer

Notizbücher & Journals

Für tausendundeinen Zweck: als Tagebuch, als Bullet Journal, als Trainings-Logbuch, für eigene Texte, Gedanken, Wünsche und Ziele, zum Kritzeln, Dichten und Listen führen. Tolle Ausstattung mit biegsamem und gleichzeitig robustem Cover und Lesebändchen – das Journal kommt mit Gummiband geschenkfein daher! Die Innenseiten sind entweder liniert, kariert, dotted oder blanko. Pro Variante gibt es verschiedene Cover zur Auswahl.

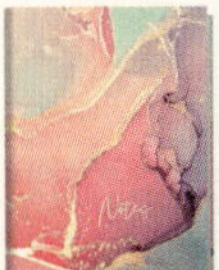

Häfft®

Alle Artikel bekommst du im Buch- und Schreibwarenhandel. Solltest du sie mal nicht finden, kannst du sie einfach online bestellen. Auf unserer Webseite findest du auch ausführliche Infos zu allem, was es von uns gibt!

www.haefft-verlag.de

Käsekästchen

„Wenn du 32 % Zweikampfquote in der 1. Halbzeit hast, kannst du Dreier-, Vierer-, Fünfer- oder Fahrradkette spielen. Ist völlig egal."
– *Oliver Glasner*

Los geht's: Zwei Personen dürfen abwechselnd einen Strich (hoch oder quer) über die Länge eines Kästchens ziehen. Wird durch einen Strich ein Kästchen komplett umrahmt, zählt es als Besitz und wird farblich gekennzeichnet. Die Person ist nun so lange am Zug, bis kein Kästchen mehr geschlossen werden kann. Wer die meisten Kästchen ergattert, hat gewonnen.

Pro-Tipp: Man erhöht seine Gewinnchancen beim Stein-Schere-Papier gegen Deutschrapper exorbitant, wenn man konsequent Stein wählt.

Käse, die Zweite!

„Impossible is just an opinion."
– Paulo Coelho

Sudoku

Regeln: In die einzelnen Zellen wird je eine Zahl von 1 bis 9 eingetragen, in jeder Reihe darf jede Zahl nur einmal vorkommen. Dazu kommen die großen Kästchen, die aus je 9 Zellen bestehen, und in jedem dieser Kästchen darf jede Ziffer auch nur einmal vorkommen. Das Ziel ist es, in jeder Reihe eine Quersumme von 45 zu erzielen und alle Felder vollzubekommen. Keine Panik! – Hört sich komplizierter an, als es ist. Zur Sicherheit gibt's die Lösungen auf Häfft.de.

			8		2		7	5
8	7			3		9	6	1
		1	7	6		2		3
	8		2				3	
6				7			2	
2	3		9	8			1	4
		8	1		7	3	5	
7	5	3	6				9	2
1		6	5					

			1	6	9	4	2	
4		2		8		9		
					2		3	
			2	1				3
6		7	5		4	1	9	
	3	1						
	1		9	2	8	5	6	4
		4				2		1
	5		4	7		3		

5	8			2	3	9		
4		7		9	5			
1	9		7			5		
7		2	9	1	6	8		4
6	4					1		
	5	1	3	4	8	2		6
		5					9	
3	6		8	5	9	7	2	1
2	7		4		1			

6	2				8		9	7
9	8	5			6		1	3
1		7		2		5	8	6
	5	6	7	4	2		3	
	9	1	6	5	3	7		
7			8	9	1			
		9	1	8	5	3	7	4
		8	9	6		1		2
5		4	2	3		8	6	

		7	5	2	4	8		
4		3					5	
	1		8				9	
	7		2	1		3		
	4	2				1	6	9
	6			9	5			8
			9			6	8	
8	5			4	3		1	2
			6	8		5	7	4

9	2			6		4	7	
4	3	6		7		8	1	2
	7	1	4			9	6	5
	5	2	1		7			9
7					8	1		
				9	3		2	
3	8	9		2		6	5	1
5	1		3		6		9	
2	6			1	5	7		8

4	3		9					
1	2	9			8		6	
5		7			6		9	4
7	5	3				2	1	
8		2				4		
	4	1	8			9	7	3
3				9		6		5
9		8	5				3	2
	1			8	3	7		

						6	4	3
4	2	6	3				9	
		9	1				8	
1	9	7		3	8		5	
2	6	8	4					7
3	5	4			2		6	
	4		5	7		8		6
6						4		
	7	2	8		6	1		

		8		9	5	3	1	7
			2		3	4	8	
		3			8	5	9	2
	5					8		
			1	2	7	6	3	
7		6			9	1		4
		2	3					8
3	4				2	9		1
			9		1	2	4	

	7		6	4				
					7	2	4	
	4	6	5	2		7	1	3
5								
6		2		9	4	1		5
				5	6	9	2	
3	5		9	7	8	4	6	
9	6			1	5		8	
		8		6	3	5		1

		5	3			4	6	8
		2		1		3		
7	3	6	8		5	1		
	4	1		6		8		9
		3						
	7			8		6	2	
3	1	7		5	6	9	8	
9			7	3	4	2	1	6
6	2				8	7		3

9		5	7	8	1		4	6
	6	4	5				7	1
		8	6		3	2	5	9
		1					3	
6	9	7						
		2			8	1		4
2	8	6	3	1	7		9	
				6		7		
	5			9		6		

Spieltipp für daheim: Stell alle Stühle hintereinander im Flur auf und nenn es Homeöffis.

Träume platzieren

Flugbegleiterin: „Kann hier jemand fliegen?" Biene: *hebt einen Flügel*
Flugbegleiterin: „Ein Flugzeug?" Biene: *senkt langsam Flügel*

	1	2	3	4	5	6	7	8	9	10
a										
b										
c										
d										
e										
f										
g										
h										
i										
j										

	1	2	3	4	5	6	7	8	9	10
a										
b										
c										
d										
e										
f										
g										
h										
i										
j										

	1	2	3	4	5	6	7	8	9	10
a										
b										
c										
d										
e										
f										
g										
h										
i										
j										

	1	2	3	4	5	6	7	8	9	10
a										
b										
c										
d										
e										
f										
g										
h										
i										
j										

	1	2	3	4	5	6	7	8	9	10
a										
b										
c										
d										
e										
f										
g										
h										
i										
j										

	1	2	3	4	5	6	7	8	9	10
a										
b										
c										
d										
e										
f										
g										
h										
i										
j										

	1	2	3	4	5	6	7	8	9	10
a										
b										
c										
d										
e										
f										
g										
h										
i										
j										

	1	2	3	4	5	6	7	8	9	10
a										
b										
c										
d										
e										
f										
g										
h										
i										
j										

	1	2	3	4	5	6	7	8	9	10
a										
b										
c										
d										
e										
f										
g										
h										
i										
j										

	1	2	3	4	5	6	7	8	9	10
a										
b										
c										
d										
e										
f										
g										
h										
i										
j										

	1	2	3	4	5	6	7	8	9	10
a										
b										
c										
d										
e										
f										
g										
h										
i										
j										

	1	2	3	4	5	6	7	8	9	10
a										
b										
c										
d										
e										
f										
g										
h										
i										
j										

	1	2	3	4	5	6	7	8	9	10
a										
b										
c										
d										
e										
f										
g										
h										
i										
j										

	1	2	3	4	5	6	7	8	9	10
a										
b										
c										
d										
e										
f										
g										
h										
i										
j										

	1	2	3	4	5	6	7	8	9	10
a										
b										
c										
d										
e										
f										
g										
h										
i										
j										

	1	2	3	4	5	6	7	8	9	10
a										
b										
c										
d										
e										
f										
g										
h										
i										
j										

	1	2	3	4	5	6	7	8	9	10
a										
b										
c										
d										
e										
f										
g										
h										
i										
j										

	1	2	3	4	5	6	7	8	9	10
a										
b										
c										
d										
e										
f										
g										
h										
i										
j										

	1	2	3	4	5	6	7	8	9	10
a										
b										
c										
d										
e										
f										
g										
h										
i										
j										

	1	2	3	4	5	6	7	8	9	10
a										
b										
c										
d										
e										
f										
g										
h										
i										
j										

I put the Traum in Weltraumschlacht!

Häfft.de

Träume platzen lassen: Ein traumhafter Zeitvertreib für zwei Träumlinge. Jede:r hat fünf „Träume": Der ganz große Traum (5 Felder), Der Traum vom Fliegen (4), Der amerikanische Traum (3), Tagtraum (3) und n Träumschen (2). Die Träume dürfen sich nicht berühren. Spieler:innen verwenden zwei Felder: Im linken wird die eigene Traumflotte eingezeichnet, im rechten Treffer und Fehlschüsse in die Träume der Gegenpartei. Beide versuchen abwechselnd, die gegnerischen Träume zu versenken. Beispiel: Spieler:in A: „Ich schieße auf a3". Spieler:in B antwortet: „N Traum!" oder „Daneben". Die Gegenpartei ist erst bei verfehltem Treffer wieder dran. Die erzielten Traumtreffer werden mit X eingetragen, Schüsse ins Leere mit O. Am besten funktioniert die Traumschlacht wenn beide ihr eigenes Häfft verwenden.

Stadt, Land, Fluss

„Sei loyal zu denen, die loyal zu dir sind. Und respektiere jeden, auch deine Feinde und Herausforderer."
- John Cena

Stadt	Land	Fluss	Tier	Name	Punkte

Stadt, Land, Fluss ist der Klassiker für Freistunden, Pausen oder vor Unterrichtsbeginn. Wie immer gilt natürlich: 20 Punkte gibt's, wenn du als Einziger ein Wort gefunden hast, 10 Punkte, wenn sonst keiner dasselbe Wort hat, und 5 Punkte bekommst du, wenn ein anderer dasselbe Wort hat wie du. Keine Punkte kommen aufs Konto, wenn dir gar nichts eingefallen ist oder du im kreativen Fieberwahn einfach ein Wort neu erfunden hast. Viel Spaß!

Schauspieler	Sänger/Band	Song	TV-Sendung	Essen	Punkte

„Hallo, habt ihr Currywurst?" - „Wir sind ein Döner, alles was Türkisch ist, haben wir da." - „Dann das Wiener Schnitzel, bitte." - „Kommt sofort, Cheffe."

City, Country, River

„Lerne die Regeln wie ein Profi, damit du sie wie ein Künstler brechen kannst."
– Pablo Picasso

Beruf	Farbe	Pflanze	Getränk	Hobby	Punkte

Na, immer noch nicht genug gezockt? Im Feld unten kannst du je nach Lust und Laune die Rubriken für dein ganz persönliches „Stadt, Land, Fluss" eintragen. Egal ob du ein Best-of der drei vorherigen Felder erstellst oder du dir selbst coole Rubriken, wie beispielsweise „Fußballer", „Netflix-Serie" oder „Fast-Food-Restaurant", ausdenkst – der Fantasie sind keine Grenzen gesetzt! Have fun – und nicht vergessen: „Fair play is my game!" ☺

....	....	....	....	....	Punkte

„Man darf bei Stadt, Land, Fluss keine Wörter erfinden." – „So einen Übsindel habe ich ja noch nie gehört."

Garten der Irren

„Wo das Chaos auf die Ordnung trifft, gewinnt meist das Chaos, weil es besser organisiert ist."
– Friedrich Nietzsche

Ich: „Wenn ich doch nur besser aufpassen würde." Flaschengeist: „Du hattest schon drei Wünsche."

Eure Meinung – in our face!

Dir fällt sofort etwas ein, was in diesem Häfft überhaupt nicht geht!? Oder genauso schnell, was super gelungen ist? Dann mach mit bei unserer Umfrage zum Häfft 2022/2023 und sag uns so richtig deine Meinung. Wir freuen uns über Lob ebenso wie über Kritik und neue Ideen! So können nicht nur wir das Häfft besser machen, sondern du deinen Lieblingsschülerkalender aktiv nach deinen Anforderungen mitgestalten – wir freuen uns über rege Teilnahme!

www.häfft.de/umfrage2022

Wörterrätsel

„Der Leser ist ein unbekanntes Wesen, unberechenbar, unkalkulierbar. Man kann ihn nicht gewinnen, indem man ihn - bewusst - mit leicht löslichem Wortzucker bewirtet."
- Siegfried Lenz

R E R H E L S N E U A R T R E V B L J M S C H R E I B T I S C H S T U H L Z Q N Y F Z Q

R M H P P P G G Z A G V L P X K J F E L L I R B O L K M C D R E I T A U S E N D N K Q M

E K C O S H K S J M U P Z T Z L W Q D Q F M N L T B C T R L N R K K N K S L H I Q P Z L

K L M N M W Q T G L X S F R E U N D E B U C H H D N V R H P Y P K H C E P U E G Q R I L

N E M K X L N I E L I R E K Z N E T I E K M A S N I E M E G D V D ü L D Z T B N D Z M Y

E Q T T T K J F D L Y E K I D L Q T V N K J D Y X Y M R R T K R T Y T L S N L O K W T L

R B N N L L K T A ü G N B Y N L T D J Z E L R M F G Y X N L V S J N M N A N E N L T S D

E P B I I T I S N M D E T L H A H D N H N G F K W Q T Q K N K M E K H T G B C R L G C M

I K M B Z T F C K R L B B T I P N M N U A N N Q C V N C N C J M M A Z T N F T D E F H M

D A Q D Q L A H E E E P S U B N O D P V B C W I Z P B D U L U B Z M K X T B Z F M F N M

I G H Y T M R L N D P H C T R L G G E R E L K R R T X M K K R B E W E R B U N G O Y E H

V M F Y Z M G A R N M Z R B E T A J N R O R E F P P H N O J M W F M D H M L X J N S C R

I T V Z N S X U P O A G K F N R S N L I S F W S L C S D W V B G V K P T K M T I G X K R

D N C M E Z X F P S E S K T X X N T K J M E E I S E R R Y W U K Q G F H S A E N L N E L

R Z V L N T Z E X L M W E W K K T Z A O K A T S R ü I M E M C Y H I S C G H U D Q W N D

C N F K T X T V D T T G B K T S E T E G J F L Z S R L S P B H V R A H E C H L F D V F H

P I L M L R Q S Y V M H A A R G U M M I S L H F U O U H C R Ü H L L S S C T R G N Z E J

E H W M B N T H R T M N X B R E Q L Y R C K L B L N R N C H C F E L N E D Z J E Q A W B

K X X V L ü B T F H D Y E R K I T N T Q P H U D K K G N G S H I I E R A T N T P D L U Q

M E R B C L L L A C J D L I H L S A F K N H E C G J M T R C M C N P T N N R W S Q C X U

T K G K Q H R I H A T N F K L Y F I R T A L T N H K C E A E H N S S X K A J E L H P B A

K N X N V Q D E R L Z L P L G A Q V K I N T K M T E T L R T O E ß G Y G L T N S L V Z R

M K C M I F T T R H V E M A M R T P G O A B N C K N N M F S B O F R R W H T T W I H Q A

R H L N X R M B A C H G E U L W K I D D X T P O U F R Y B R R D X E Y Z Z A B C L R R N

E A K R H P C A D S K E T S T L K G P D P C T K K Q P K L G N R D N H A B O T U A X J T

R U K I O S K G S M L I A S Z W A U S D R U C K E N N C X Y W N Y F Y E L R Y B Q R N ä

ö S R N G R P U C M A R M E Q L P A P I E R H A N D T U C H I L L Q N M C K E Z F H M N

H A U K Q Q X Z H A U I O T M L R I C H T U N G C G B L D K L K F S N L F N T H J F Z E

F U C D H M K K L L S L T Z Z D V Y T K L Z S H M Y L L B F K K U M L H S A D W P J V Z

P F K M Z Y P H O H U S W E F P M W D R P E C W C B N W G H K P L ü H C S N W D P L O F

O G S C Q D N R S C R ü D R B V D L N Y F B H I N O T H R K P Q M T H F N Y K V K C E N

K A A W D D R G S S C M L J Q R R G H Z X A W L L L W G C E I T G W U E W N C F K T H B

V B C V Z N Q D J D W P H P J H N K J W N G I L R F C T N M S W A A H K C P D E A D K M

B E K N R K K N G T Z M G J P C K N K N J F E E E G W R T E K R I C M M D K N X T J R M

L N V B N E M E R C R E T T U B Z A M B N U R R M J E X R I Z N I R N I T N E R E F E R

T F H J K C B T R O H F Z E L Y U H Y K W A I D A J K F V Q M E E D A L E M R A M M L C

Q R T N N N G V B L W F T M R S G L K J D ß G R E W C R C V Z K T Z L P N L Y K K T K D

F E D C L K J P G B M P G M W D N B N T N I K O B L A R K E D T R E H C S ö L R E U E F

M I B X K E L A D E K A B E L F K G N C K E E K H R J Q G D Y L M F D K G C T W L K E N

D P Q M V Q N Q N R L N I D K X N U G K R L I E M L L A M R ü T F M D Z R N J T Y Z W N

M K M M L P T A Y Z L S K K B R X W N Z N F T R B Q R T C F L S P A ß L W Y Q Z T M K W

M W W P D C J D N K X C X V K J L Q F D T M P X L F X K T X Z H G N K N R F V ü Q N Y M

Y N P F M T T Z C A F Q H T K K D V T K E K F N X T X E C K P G T J C C G F M K K T Y V

Z C Q V Y J C D K B B U N W I S S E N D K T N L T G N U T H C I L H C S D M M M G K T J

Buchstabensalat à la Häfft Das sieht ja appetitlich aus: In diesem häfftigen Gericht verstecken sich doch tatsächlich 99 Begriffe aus dem Alltag. Ob quer, hoch, schräg, vorwärts oder rückwärts, die Wörter haben sich geschickt getarnt und warten darauf, von dir entdeckt zu werden. Viel Spaß beim Suchen!

AMPEL - AUFSATZ - AUSDRUCKEN - AUSEINANDERSETZUNG - AUSSETZER - AUSWEIS - AUTOBAHN - BANANE - BEAMER - BESPRECHUNG - BEWERBUNG - BLANKO - BUCH - BUCHSTABENSUPPE - BUTTERCREME - CRINGE - DIVIDIEREN - DOKUMENT - DREITAUSEND - ERDKUNDE - FAHRRADSCHLOSS - FETA - FEUERLÖSCHER - FLAMINGO - FLEISSAUFGABE - FRAGEZEICHEN - FREUNDEBUCH - GEBURTSTAGSKUCHEN - GEDANKEN - GELDSTÜCK - GEMEINSAMKEITEN - GLOBUS - GRAFIK - GROSSSTADT - HAARGUMMI - HACKFLEISCH - HAUSAUFGABENFREI - HEADSET - HORT - ITALIEN - JACKE - KINDERGARTEN - KIOSK - KIWI - KLAUSUR - KLIMA - KLOBRILLE - KONTAKT - KOPFHÖRER - LACHFLASH - LADEKABEL - LIEBLING - LILA - LÜFTEN - MARMELADE - MITTWOCH - MÜSLIRIEGEL - MÜTZE - PAPIERHANDTUCH - PROFESSOR - QUARANTÄNE - RABENSCHWARZ - REFERENTIN - REFERENZEN - REKORD - RESTMÜLL - RICHTUNG - RISIKO - RUCKSACK - SCHLAMMSCHLACHT - SCHLEIMER - SCHLICHTUNG - SCHLÜSSELBUND - SCHMUCKSTÜCK - SCHREIBTISCHSTUHL - SCHWIERIGKEIT - SEKRETARIAT - SELFIE - SOCKE - SOFTBALL - SONDERMÜLL - SONNENSCHEIN - SPASS - STERNZEICHEN - STIFTSCHLAUFE - TAGESLICHT - TEST - TINTE - TOMATE - ÜBERSPRINGEN - UNTERSCHRIFT - UNWISSEND - VERTRAUENSLEHRER - VERWIRRUNG - WILLE - ZAHNSTEIN - ZIMTSCHNECKE - ZOCKEN - ZUGABTEIL

Jemand: „Bist du eigentlich Serien-Fan?" Ich (verbringt komplette Freizeit mit Serien gucken): „Also Fan würde ich jetzt nicht sagen!"

Verleihliste

„Mach das Beste draus, wenn sie gemein sind. Kluge Leute lernen auch von ihren Feinden.
Immer wenn sie etwas wollen, sagst du nicht nein, doch wer für alles offen is, kann nicht ganz dicht sein."
- Sido (Fühl dich frei)

geliehen von · verliehen an

Was	Wem	Wann	Zurück

Geschenkliste

„Was du hast, können viele haben.
Doch was du bist, kann keiner sein."
- Bonez MC

Was	Geschenk	Anlass	erl.

Taschendieb: „Wie viel hast du?" Ich: *Schaut in Tasche, sieht zwei Snickers* „Ein Snickers."

Liebesbarometer

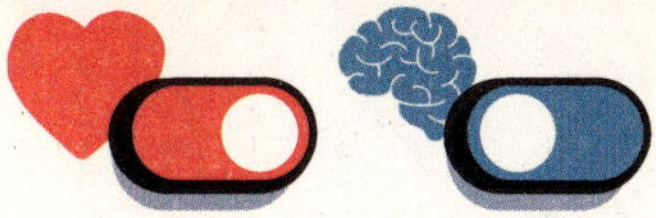

Treffer!

Love is in the air! – Ihr seid das Traumpaar des Jahrhunderts! Amor ist auf eurer Seite und sorgt für permanentes Herzklopfen.

Geht so ...

Kann sein, dass zwischen euch ein Feuer lodert, kann aber auch sein, dass es eher eine dicke Freundschaft wird. Abwarten ...

Finger weg!

Sobald ihr euch in die Quere kommt, entsteht eine gefährliche Spannung. Reizvoll für einen Flirt, nervig in einer Beziehung.

Person A →
Person B ↓

	Widder	Stier	Zwillinge	Krebs	Löwe	Jungfrau	Waage	Skorpion	Schütze	Steinbock	Wassermann	Fische
Widder	Geht so	Treffer	Treffer	Finger weg	Treffer	Geht so	Finger weg	Treffer	Geht so	Geht so	Treffer	Finger weg
Stier	Geht so	Treffer	Finger weg	Treffer	Geht so	Finger weg	Geht so	Finger weg	Finger weg	Treffer	Geht so	Treffer
Zwillinge	Treffer	Finger weg	Treffer	Finger weg	Treffer	Geht so	Treffer	Geht so	Finger weg	Geht so	Treffer	Geht so
Krebs	Geht so	Treffer	Finger weg	Treffer	Finger weg	Treffer	Geht so	Treffer	Geht so	Finger weg	Geht so	Treffer
Löwe	Treffer	Geht so	Treffer	Finger weg	Geht so	Treffer	Finger weg	Treffer	Treffer	Finger weg	Finger weg	Finger weg
Jungfrau	Geht so	Treffer	Geht so	Treffer	Finger weg	Treffer	Treffer	Finger weg	Geht so	Treffer	Geht so	Geht so
Waage	Finger weg	Geht so	Finger weg	Treffer	Treffer	Geht so	Geht so	Finger weg	Treffer	Geht so	Treffer	Geht so
Skorpion	Treffer	Treffer	Geht so	Treffer	Geht so	Finger weg	Treffer	Treffer	Finger weg	Treffer	Geht so	Treffer
Schütze	Treffer	Geht so	Finger weg	Finger weg	Treffer	Geht so	Treffer	Finger weg	Treffer	Finger weg	Treffer	Geht so
Steinbock	Geht so	Treffer	Geht so	Finger weg	Geht so	Treffer	Geht so	Geht so	Finger weg	Treffer	Finger weg	Treffer
Wassermann	Geht so	Geht so	Treffer	Geht so	Treffer	Finger weg	Treffer	Treffer	Treffer	Geht so	Treffer	Geht so
Fische	Finger weg	Treffer	Geht so	Treffer	Finger weg	Geht so	Geht so	Treffer	Geht so	Treffer	Finger weg	Treffer

Love is in the air: „Du hast total schöne Haut." Pudding: „Hau ab, du Freak." | [Erstes Date] Date: „Dein Burger sind super lecker aus. Darf ich mal davon probieren?" Ich: *stopft alles auf einmal in den Mund* „Oh faffe, daff war fer ffefzte Hapff." [Letztes Date] | „WTF, DAS NENNST DU EINE FUSSMASSAGE?!?" - „Waff?" | Sie: „<3" Er: „Du bist auch nicht gerade 'ne 10!" - *Tom (22), Mathematikstudent, beim Chat mit seiner ersten Freundin* | [Date] Er: „Tut mir leid, ich habe schreckliche Angst und bekomme Picknick-Attacken." Sie: „Du meinst Panikattacken?" Er: *holt Picknickkorb hervor* „Oh Gott, bitte mach, dass es aufhört!" | [Erstes Date] „Auf einer Skala von 1 bis 10, wie nerdy bist du?" - „01101001 00100000 01101100 01101111 01110110 01100101 00100000 01111001" [Letztes Date]

WASSERMANN
21. Jan - 19. Feb

+ ehrlich, zuverlässig, aktiv, einfallsreich
− anspruchsvoll, eitel, nachtragend

Wer?

FISCHE
20. Feb - 20. Mär

+ sensibel, geduldig, tolerant, fantasievoll
− unentschlossen, sehr zurückhaltend

Wer?

WIDDER
21. Mär - 20. Apr

+ mutig, gefühlvoll, impulsiv, tatkräftig
− unordentlich, unberechenbar

Wer?

STIER
21. Apr - 20. Mai

+ liebevoll, hingebungsvoll, ausdauernd, realistisch
− Gewohnheitsmensch

Wer?

ZWILLINGE
21. Mai - 21. Jun

+ intelligent, unabhängig, vielseitig, gesellig
− unruhig, ungeduldig

Wer?

KREBS
22. Jun - 22. Jul

+ engagiert, solide, warmherzig, aufmerksam
− launisch, schüchtern

Wer?

LÖWE
23. Jul - 23. Aug

+ selbstsicher, mutig, leidenschaftlich
− herrschsüchtig, eitel

Wer?

JUNGFRAU
24. Aug - 23. Sep

+ sanft, ordnungsliebend, leistungsfähig, präzise
− zurückhaltend

Wer?

WAAGE
24. Sep - 23. Okt

+ kraftvoll, freundlich, ausgeglichen, vernünftig
− besitzergreifend

Wer?

SKORPION
24. Okt - 22. Nov

+ stark, hilfsbereit, intuitiv, vielseitig
− autoritär, introvertiert

Wer?

SCHÜTZE
23. Nov - 21. Dez

+ ehrlich, freiheitsliebend, unternehmungslustig
− eigensinnig, neugierig

Wer?

STEINBOCK
22. Dez - 20. Jan

+ entschlossen, sorgfältig, zuverlässig, diskret
− schüchtern, verschlossen

Wer?

„Was ist dein Sternzeichen?" - „Gemini." - „Was ist denn Gemini?" - „Gemini auf den Sack mit deinem Astrocrap, hahaha gotem!"

„Alle Farben sind die Freunde ihrer Nachbarn
und die Liebschaften ihrer Gegensätze."
- *Marc Chagall*

„Und was ist das hier für ein Bild?" – „Ein buntes."
Wie meine Karriere als Kunsthistoriker jäh endete.

Berufsorientierung

„Die ganzen Gymnasiasten sind nach dem Abi ins Ausland. Ich wollte auch ins Ausland, aber wir hatten keine Kohle. Und ich hatte kein Abi." - *Teddy Teclebrhan*

SCHULE

Die Schulpflicht endet in Deutschland je nach Bundesland oft nach zehn Jahren (gilt auch für Sitzengebliebene nach der wiederholten neunten Klasse). Wenn es in deinem Bundesland keine Berufsschulpflicht gibt, gehst du also quasi ab dem elften Schuljahr freiwillig in die Schule. Mach das Beste daraus!

Schule hat leider oftmals die Tendenz zu nerven, aber es schadet nicht, sich hin und wieder die wichtigsten Fragen vor Augen zu führen und schriftlich zu beantworten:

- Wo stehe ich (innerhalb meiner Schullaufbahn)?
- Wie stehe ich in meiner jetzigen Schule notentechnisch da?
- Was möchte ich bis zum Abschluss meiner Schulzeit noch erreichen (z. B. Wechsel auf andere Schulform)?
- Was müsste ich dafür (zusätzlich) investieren?
- Was sind meine Ziele in diesem Jahr?
- Was sind meine Ziele in den nächsten Jahren?
- Was hindert mich daran, diese Ziele auch tatsächlich zu erreichen?

Link-Tipp:
www.schulratgeber.net

„Die Schulzeitverlängerung wurde genehmigt. Ihre Tochter kann also nächstes Jahr den Quali erneut probieren."
„Nein, brauchen wir nicht mehr. Sie wird jetzt Schauspielerin bei Youtube oder Anwältin."

AUSBILDUNGSFÖRDERUNG

Jugendliche sollten sich irgendwann zusammen mit ihren Eltern einen Überblick über ihre Versicherungen und die geplanten Ausbildungskosten bis zum Start ins Berufsleben verschaffen.

Für Kinder und Jugendliche aus einkommensschwachen Familien ist dieses Thema oft sogar noch wichtiger. Kinder reicher Eltern haben es in Deutschland im Ausbildungsbereich häufig leichter, das ist leider ungerechte Realität! Aber es gibt etliche Hilfen, die ärmere Jugendliche während ihrer Ausbildung erhalten können. Die bekanntesten Förderungen sind BAföG (Schüler-, Ausbildungs- oder Studienkredite) und das „Bildungs- und Teilhabe-Paket". Das ist aber ein komplexes Thema, und Informationen sind oft nicht leicht zu finden. Unsere Empfehlung: Lasst euch vor Ort bei den Bezirksämtern, in Sprechstunden von Wohlfahrtsverbänden wie Caritas und Diakonie oder bei den Studentenwerken der örtlichen Hochschule(n) beraten.

Link-Tipps:
www.bafög.de
www.bafoeg-rechner.de/FAQ/schueler-bafoeg.php

„Sie haben da Dutzende Lücken im Lebenslauf!" - „Das sind Leerzeichen!"

JOBS, PRAKTIKA & FREIWILLIGE TÄTIGKEITEN

Jugendliche, die mit Schülerjobs neben der Schule etwas Geld für ihre Hobbys (dazu)verdienen, fallen unter das Jugendarbeitsschutzgesetz.
Bezahlte Arbeit außerhalb der Familie ist für alle unter 12-Jährigen pauschal verboten; zwischen 13 und 15 Jahren sind maximal zwei Stunden täglich erlaubt, wenn deine Eltern zustimmen, aber auch nur bis 18 Uhr. Für 15- bis 18-Jährige gibt es vor allem in den Ferienzeiten deutlich geringere Einschränkungen.
Wichtig: bei Schülerjobs die steuerlichen Aspekte bedenken!
www.schuelerjobs.de/ratgeber/detail/
www.gesetze-im-internet.de/jarbschg/

Ein Praktikum ist die vorübergehende Beschäftigung in einem Betrieb, entweder zur Berufsorientierung oder als Pflichtphase, für Schüler v. a.:
Schnupperpraktikum, Schülerbetriebspraktikum, Fachpraktikum (v. a. FOS oder BOS)
https://de.wikipedia.org/wiki/Praktikum
www.praktikum-ratgeber.de/schuelerpraktikum.php

Um Wartesemester an der Uni zu überbrücken, absolvieren viele Jugendliche ein

Freiwilliges Soziales Jahr (FSJ, 16 - 27 Jahre), ein

Freiwilliges Ökologisches Jahr (FÖJ, 16 - 27 Jahre) oder den

Bundesfreiwilligendienst (BFD, ohne Altersbeschränkung, früherer Zivildienst!).

Das Motto heißt:
Gutes für die Gesellschaft tun und Lebenserfahrung sammeln - manchmal auch im Ausland!

www.pro-fsj.de

„Chef, ich kann heute nicht zur Arbeit, ich habe Stellma." - „Was ist denn Stellma?" - „STELL MA NICH SO CRAPFRAGEN, HAHA GOTEM!"

Ausbildung & Studium

„Im Prinzip geht es darum,
als erster Feierabend zu machen."
– Michael Schumacher

ANALYSIERE DEINE STÄRKEN

Die richtige Studien- oder Berufswahl hängt stark von deinen Stärken, Schwächen und Interessen ab.

Nimm dir Zeit für diese zentrale Weichenstellung in deinem Leben!

Im Netz gibt es eine Vielzahl von Orientierungstests, um innere (deine Stärken, Schwächen und Interessen) und äußere Faktoren (mögliche Unis oder Ausbildungsbetriebe) zu ermitteln.

Es kann aber sicher nicht schaden, wenn du auch mit kompetenten Beratern sprichst!

Wichtig: Die meisten Onlineangebote sind vor allem für dein Bundesland verfügbar, weil unsere Bildungslandschaft föderal organisiert ist.

Link-Tipp:
www.abi.de/orientieren.htm

„Ihre Gehaltsvorstellung?" - „Ich bekomme Geld?" - „Ja." - „Fürs Arbeiten?" - „Ja, Gehalt." - „VON IHNEN?" - „Wir melden uns." (Zu lange an der Uni)

STUDIUM

Studieren ist im Trend! Derzeit gibt es in Deutschland rund 2,9 Mio. Studierende. Das zeigt einerseits den Stellenwert eines Studiums. Gleichzeitig schafft die Studierendenflut Probleme für die Studierenden: überfüllte Hörsäle, schlechte Dozenten-Studenten-Quoten, Wohnungsnot etc.

Unabhängig davon will die Entscheidung für ein Studium klug getroffen sein. Man sollte sich also auch schon während der Schulzeit orientieren, informieren und planen.

Wichtige Fragestellungen:
- Was will ich studieren?
- Was kann ich studieren?
- Gibt es Zulassungsbeschränkungen?
- Ist mein Notendurchschnitt gut genug?
- Muss ich im Vorfeld Praktika absolviert haben?
- Wo will/kann ich studieren?
- Wie finanziere ich mein Studium?
- Will ich das Fach wirklich studieren?
- Will ich im Ausland studieren?
- Wie theoretisch/praxisorientiert soll mein Studium sein?
- Bin ich wirklich geeignet für das Fach?
- Wäre eine (teure) private Uni für mich vielleicht sogar besser?

Link-Tipps:
www.hochschulkompass.de (Infos zu Universitäten)
www.studienwahl.de (Infos zur Studienwahl)
www.was-studiere-ich.de (Interessen- und Eignungstests)

AUSBILDUNG – OPTION FÜR DICH?

Deutschlands duales System der betrieblichen Ausbildung (Praxis- und Berufsschulphasen) wird weltweit geschätzt und ist in Zeiten von überfüllten Hochschulen eine interessante Option. Die betriebliche Ausbildung dauert in der Regel 2 bis 3,5 Jahre. Aktuell gibt es mehr freie Stellen als Bewerber!
Außerdem gibt es eine schulische Ausbildung, bei der die Ausbildung v. a. in der Schule stattfindet und die durch Praktikumsphasen ergänzt wird. Dauer: 1 bis 3,5 Jahre. Daneben gibt es die Ausbildung im öffentlichen Dienst, Sonderausbildungen für Abiturienten, Ausbildungen an Berufsakademien bzw. Dualen Hochschulen und Ausbildungsmöglichkeiten im Ausland.

Link-Tipps:
www.arbeitsagentur.de/bildung/ausbildung/ausbildungswege-im-ueberblick
www.berufenet.arbeitsagentur.de/berufe

UND SONST SO: MEHR INFOS

Berufs- und Studienorientierung: Bei den zentralen Studienberatungen der Hochschulen und akademischen Beratungen der Arbeitsagenturen erhältst du weitergehende kompetente Hilfestellungen.
Studentenwerke: Hier bekommst du (auch als Schüler) oft gute Ratschläge bei finanziellen Problemen rund um die Ausbildung.
Link-Tipps:
www.abi.de (allgemeine Karrieretipps)
www.berufenet.arbeitsagentur.de/berufe
(Komplettübersicht Berufe)

„Und wie läuft es in der Schule?" - „Papa, ich bin 21 und gehe zur Uni!" - „Brauchst du noch Essensgeld?" - „Oh ja, bitte!"

Lifehacks

„Eine der wichtigsten Gewohnheiten gebildeter Menschen ist das Überprüfen von Quellen. Das vermeidet Irreführung und erlaubt Einblicke in die Glaubwürdigkeit von Nachrichten."
– Christian Drosten

GIB GUMMI

Dass Kaugummi kauen die Konzentration erhöht, ist in mehreren Studien belegt worden. Daher ist es ratsam, sich während einer Klausur einen Kaugummi zwischen die Beißerchen zu schieben. Doch Kaugummi kann auch beim Lernen unterstützend wirken! Wer beim Lernen eine ganz bestimmte Sorte kaut, kann sich in einer Klausur leichter an das Gelernte erinnern – wenn er dieselbe Geschmacksrichtung nimmt! So kann man einzelnen Fächern verschiedene Geschmacksrichtungen zuordnen und seiner Erinnerung geschmackvoll auf die Sprünge helfen.

SPITZER HILF!

Die meisten Bleistifte haben hinten einen kleinen Radiergummi dran, der durch ein Metallstück mit dem Stift verbunden ist. Bei häufigem Gebrauch nutzt sich der Radiergummi ab und verliert immer mehr an Masse, bis er sich schließlich vollständig in das Metallröhrchen „zurückzieht"... Ein kleiner, aber effizienter Trick hilft, dass man wieder Radieren kann. Man schält das Metall, das den Radiergummi umgibt, mit einem herkömmlichen Spitzer ab. Dadurch wird das Metall, das den Gummi umgibt, entfernt, und der Radiergummi wird wieder freigelegt.

TROCKENE FÜßCHEN

Stoffschuhe sind cool und bequem – bis zum nächsten Regenguss! Denn dann werden die Füße ziemlich schnell unangenehm nass. Wer sich kein teures Spray zum Imprägnieren kaufen will, um die Schuhe wasserfest zu machen, kann auch das gute alte Kerzenwachs nehmen: Mit dem unteren Ende der Kerze reibt man die Schuhe ein. Dabei können sich ruhig Wachsrückstände bilden. Anschließend föhnt man die Schuhe für 10 Minuten, bis sich die Beschichtung verflüssigt hat und eingezogen ist – et voilà! Ein wasserabweisender Wachsfilm hat sich gebildet.

TASTEN-CLEANER

Jeder wird das Problem kennen: In der PC-Tastatur sammeln sich zwischen den Tasten nach einiger Zeit beträchtliche Mengen Staub und Schmutz an. Wer seine Tastatur schnell und einfach reinigen möchte, kann zu einem Post-it greifen! Man zieht einen Zettel ab, und steckt ihn mit der klebenden Fläche in die Schlitze zwischen den Tasten und zieht ihn durch die gesamte Tastatur. Staub und Fussel bleiben an der Klebefläche hängen und können so leicht entfernt werden. Wer es ganz sauber und gründlich will, kann auf dieselbe Weise auch mit ganz leicht angefeuchteten Wattestäbchen vorgehen.

„Besser 60 gute Minuten als 90 schlechte." – *Robin Gosens* | „Die Wahrheit triumphiert nie, ihre Gegner sterben nur aus." – *Max Planck*
„Es ist kein Geheimnis. Du bekommst was du gibst." – *Tupac Shakur* | „Es ist besser, eine Brücke als eine Mauer zu bauen." – *Elton John*

BANANENTRICK

Grün, grün, grün, gelb – zack – braun! Der Lebenszyklus einer Banane ist etwas seltsam, und wenn man den richtigen Moment verpasst, kann man die Banane nicht mehr essen. Und irgendwie geht das immer zu schnell! Doch es gibt eine Methode, damit die gelbe Frucht länger frisch bleibt: Man wickelt Frischhaltefolie um den Strunk der Banane und macht sie so länger haltbar. Der Grund: Über den Strunk gibt die Banane Gase ab, die den Reifeprozess beschleunigen.

BUTTERWEICH

Verschlafen, raus aus dem Bett, noch ein Pausenbrot schmieren – das muss alles ganz schnell gehen! Doch dann macht die steinharte Butter einen Strich durch die Rechnung und man bricht ohne Frühstück auf. Ein simpler Trick hilft beim schnellen Brotschmieren. Man spült eine Schüssel mit sehr heißem Wasser für einige Sekunden aus und stülpt sie anschließend über die kalte Butter. Nach nur einer Minute ist die Butter streichfähig und man muss nicht ohne Stulle zur Schule hetzen!

„Man lernt nicht wirklich viel, wenn man sich nur selbst zuhört." – *George Clooney*

CREMIGES VERSTECK

Sommerzeit ist Badezeit. Doch wenn das Freibad und der Badesee warten, taucht oft ein nerviges Problem auf: Wer passt auf die Wertsachen auf, wenn ich ins Wasser gehe? Dieses Problem kann man simpel lösen. Man spült eine alte Flasche Sonnencreme gründlich aus. Sind alle Cremerückstände entfernt, schneidet man an der Seite einen langen, aber schmalen Schlitz in die Flasche. Durch diesen Schlitz kann man dann sein Smartphone und sein Geld in die Flasche schieben. Anschließend kann man die vermeintliche Sonnencreme einfach in seiner Tasche liegen lassen und ins Wasser springen! Kein Dieb der Welt wird dem als Sonnencreme getarnten Safe Beachtung schenken!

SCHLÜSSEL ANDOCKEN

Immer das Gleiche: der Schlüsselbund fliegt irgendwo im Zimmer herum, und bevor man rausgeht, muss man erst mal suchen. Verspätung ist da vorprogrammiert! Abhilfe schafft ein witziger Schlüsselanhänger aus einem alten Legostein, der ganz einfach selbst zu basteln ist. Mit einem bis zum Glühen erhitzten Metallstab (z. B. Schaschlikspieß) wird der Legostein am Rand durchlöchert und nach dem Abkühlen an einem Schlüsselring oder Karabiner befestigt. Ein zweiter Legostein wird seitlich am Schreibtisch oder an der Wand befestigt. Beim Heimkommen den Schlüssel direkt dran befestigen und nerviges Suchen gehört ein für alle Mal der Vergangenheit an.

Morpheus: „Das hat noch nie jemand gemacht." Ich: „Es hat noch nie jemand die rote Pille genommen?" Morpheus: „Zumindest hat sie mir noch nie jemand aus der Hand gefressen."

Erste Hilfe

„Wer gut schminkt,
braucht weniger Schlaf!"
– Daniela Katzenberger

GENERELL

In einer Notsituation gilt:

- Erste Hilfe leisten – versuchen zu helfen, verspricht mehr Erfolg, als gar nicht zu helfen!
- Wenn vorhanden: Schutzhandschuhe (Erste-Hilfe-Koffer) anziehen.
- Veranlassen, dass Lehrkräfte informiert werden.
- Ggf. Notruf absetzen (112).
- Den Betroffenen nicht alleine lassen, außer es ist nötig, um Hilfe zu holen bzw. einen Notruf abzusetzen.
- Stets auf die Atmung des Betroffenen achten.

STABILE SEITENLAGE

Ist eine Person nicht ansprechbar, Atmung ist aber vorhanden, so bringt man sie in die stabile Seitenlage.

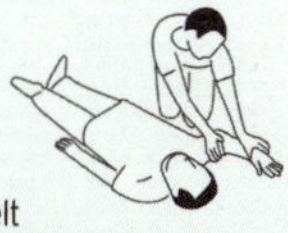

Schritt 1

- Seitlich neben dem Betroffenen knien.
- Beine des Betroffenen strecken.
- Den nahen Arm des Bewusstlosen angewinkelt nach oben legen (Handinnenseite zeigt nach oben).

Schritt 2

- Fernen Arm des Betroffenen am Handgelenk greifen.
- Arm vor der Brust kreuzen, die Handoberfläche des Betroffenen an dessen Wange legen.
- Hand nicht loslassen.

Schritt 3

- An den fernen Oberschenkel greifen und das Bein des Betroffenen beugen.

Schritt 4

- Den Betroffenen zu sich herüberziehen.
- Das oben liegende Bein so ausrichten, dass der Oberschenkel im rechten Winkel zur Hüfte liegt.

Schritt 5

- Hals überstrecken, damit die Atemwege frei werden.
- Mund des Betroffenen leicht öffnen.
- Die an der Wange liegende Hand so ausrichten, dass der Hals überstreckt bleibt.

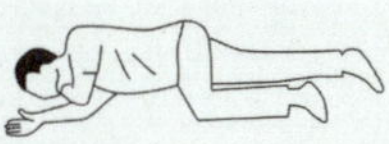

STARKE BLUTUNGEN

Starke Blutungen sollten möglichst gestillt werden, z. B. mit einem Druckverband:

- Wundauflage oder Kompresse auf die Wunde legen und mit einem Verband 2- bis 3-mal umwickeln.
- Zweites Verbandpäckchen geschlossen als Druckpolster auf die Wunde legen und mit dem restlichen Verband umwickeln. Darauf achten, dass die Bindegänge deckungsgleich und nicht zu stramm sind.
- Betroffenen zudecken und betreuen.

WIEDERBELEBUNG

Die Herz-Lungen-Wiederbelebung erfolgt, wenn die Person ansprechbar ist und kein Puls und keine Atmung vorhanden sind. Es ist umgehend ein Notruf abzusetzen!

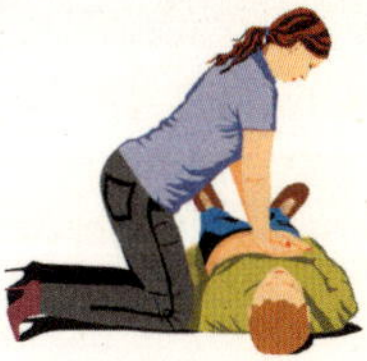

Ablauf:
30x Herzdruckmassage
2x Atemspende

1. Herzdruckmassage

- Neben dem Betroffenen in Höhe des Brustkorbs knien.
- Den Ballen einer Hand auf das untere Drittel des Brustbeins platzieren (= Mitte des Brustkorbs).
- Den Ballen der anderen Hand auf die erste Hand aufsetzen.
- Die Arme des Helfers sind gestreckt und der Brustkorb wird senkrecht von oben durch eigene Gewichtsverlagerung 30x mindestens 5 bis maximal 6 cm tief eingedrückt (mind. 100x bis max. 120x pro Minute).

2. Atemspende / Betroffenen beatmen

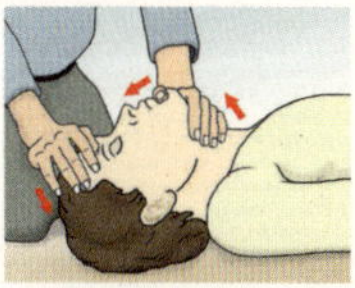

- Neigen des Kopfes nach hinten bei gleichzeitigem Anheben des Kinns.
- Mit Daumen und Zeigefinger den weichen Teil der Nase verschließen.
- Mund des Betroffenen bei weiterhin angehobenem Kinn öffnen.

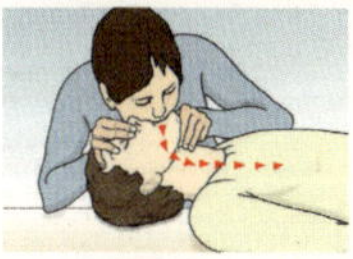

- Normal einatmen und Lippen dicht um den Mund des Betroffenen legen. Luft über einen Zeitraum von einer Sekunde gleichmäßig in den Mund des Betroffenen blasen, sodass sich der Brustkorb sichtbar hebt.
- Kopflage des Betroffenen beibehalten, eigenen Kopf zur Seite drehen, erneut einatmen und sehen, wie sich der Brustkorb des Betroffenen wieder senkt.
- Betroffenen ein zweites Mal beatmen.

Setzt die Atmung wieder ein: stabile Seitenlage.
Setzt die Atmung nicht ein: Wiederbelebungsmaßnahmen im Wechsel (30x Drücken, 2x Beatmen) bis zum Eintreffen des Fachpersonals (alarmierter Rettungsdienst) durchführen.

VERBRENNUNGEN

- Kleinflächige Verbrennungen (nicht größer als die Handfläche des Betroffenen) sofort mit möglichst fließendem Wasser kühlen.
- Größere verbrannte Körperoberflächen aufgrund der daraus resultierenden Gefahr einer Unterkühlung nicht kühlen.
- Kühlen generell nur an verbrannter Körperstelle!
- Im Gesicht mit feuchten Tüchern kühlen, Atemwege freihalten!
- Brandwunden locker und keimfrei bedecken.
- Brandblasen nicht öffnen!
- Den Betroffenen zum Wärmeerhalt zudecken.

Kleingedrucktes

„Never trust the storyteller.
Only trust the story."
– Neil Gaiman

Augen auf, fröhliche Mitbeschulte, hier gibt's genug Buchstabenmüll für unendliche Doppelstunden, für Witzigkeit wird kein Gewähr übernommen! Let's go & häfft fun! | THERAPEUTIN: „Haben Sie an ihrer Kommunikation gearbeitet?" Erster Höllenhundkopf: „Die wollen den Ball nicht teilen!" Zweiter Höllenhundkopf: „Ich will den Ball!" Dritter Höllenhundkopf: „Ich hätte auch gerne den Ball." | Doktor: „Alles OK, solang sie sich nicht ins Gesicht fassen." T-Rex: „Nice!" | Warum heißt es „Den Gesundheitsminister anrufen" und nicht Call Lauterbach? | „Wieso findet sie denn alles eklig?" - „Das ist die Igitte." | Notiz an mich: Ich bin nicht Gott, nur weil ich sonntags fertig mit der Welt bin. | Irgendwann werden die Pfandflaschen die Überhand gewinnen und einfach mich wegbringen. | „Mein Gehirn ist nur ein Empfänger; im Universum gibt es einen Kern, von dem wir Wissen, Kraft und Inspiration erhalten. Ich bin nicht in die Geheimnisse dieses Kerns eingedrungen, aber ich weiß, dass er existiert." - Nikola Tesla | „Ich habe schlechte Nachrichten für euch." - „Welche denn?" - „Ein Jahresabo BILD+." | *Ochsenfroschgeräusch* | Ich habe noch nie in meinem Leben aus den Fehlern einer anderen Person gelernt, ich würde in dieser Sekunde buchstäblich ein riesiges Holzpferd in mein Haus lassen. | „Du bekommst einfach nichts gebacken!" - Konditor-Azubi hat Prüfung nicht bestanden. | Leute studieren 8 Jahre Jura und können keine 10 Dinos nennen. | Schwierig zu dosieren: - Liebe - Hass - Reis | Nashörner sind nur Einhornpanzer. | In einem Paralleluniversum kann Geld nicht mit mir umgehen. | Captain Kirk: *mit Bienen bedeckt* „Beamen, ich hab Beamen gesagt!" | „Ich falle gern mit der Tür ins Haus." - Noah (39), SEK-Einsatzleiter | Meine Logik: „Wenn ich jetzt alle Chips ganz schnell aufesse, habe ich keine mehr und kann mich endlich gesünder ernähren." | „Man kann einfach nicht sachlich mit dir diskutieren!" - „Und du stinkst, du labbriger Fingerlauch!" | [Im Fitnessstudio] Ich: „121, 122, 123, 124 ..." Fitnesstrainer: „Hör bitte auf, die Fliesen zu zählen, und mach lieber ein paar Übungen!" | Ich habe gar keine richtige Unterschrift. Ich schreibe meinen Namen einfach etwas schiefer und hässlicher hin. | Ich: *fährt an der Apokalypse vorbei* „Muuuuuuuuuuuuuuhuuuuuuuu, Kühe!" | Altes Pärchen im Zug. Sie: „Oh, fahren wir schon los?" Er: „Nein, die tragen den Bahnhof vorbei." | Ich: „Ich hab immer denselben seltsamen Traum." Ente: „Den mit der sprechenden Ente?" Ich: „Woher weißt du das?" | „Schokolade macht glücklich." - „Hast du jetzt beide Tafeln gegessen?!" - „LASS MICH! ICH BIN SEHR GLÜCKLICH!" | „Moment, ich hab's passend." - Hilde (86), wird an der Kasse 87 | Wenn ihr das nächste Mal Kalorien verbrennen geht, könnt ihr meine dann mitnehmen?! | Im nächsten Leben mach ich was ohne meine Psyche. | „Ich habe gelernt, dass man keine Erwartungen an das Leben haben sollte. Man weiß nie, was passieren wird." - Jennifer Lawrence | „Mein Name ist Britt." - „Wie bitte?" - „Wie der Kleber, nur mit B." - „Buhu?" | „Wie steht's um deine Mathe-Kenntnisse?" „Addition, Subtraktion, dann folgt Frustration und am Ende Kapitulation." | „Wieso weint der Mann am Spielfeldrand?" „Das ist der Bundesträner." | „Der Tag, an dem ich über eine Minute ein Interview gebe, ist der Tag, an dem ich mit Fußball aufhöre." Erling Haaland | „Ein Jahr mit mir und schon hast du gelernt, wie man Titel gewinnt." - Zlatan | „Whenever I go outside, I'm just amazed by how good the graphics are, like, damn. God really popped off!" - Pokimane | „Wütend auf Social Media ist wie hungrig im Supermarkt." - El Hotzo | „Wahrheit an sich ist kostbar, kostbarer aber noch die Fertigkeit, sie zu finden." - Alexander von Humboldt | „Ein Experte ist jemand, der alle Fehler gemacht hat, die man in einem bestimmten Gebiet machen kann." - Niels Bohr | „Das Internet beeinflusst die Haltung der Menschen, es füttert ihre Neurosen, zerstört die Spontaneität, tötet die Magie, entwertet die Musik. Alles am Internet ist fake! Bis auf den Hass, der ist echt." - Noel Gallagher | „Narren können nicht wahnsinnig werden, die sind's ja schon." - Otto Waalkes | „Wir leben in einer Comic-Welt, in der eher Bilder wahrgenommen werden als die Sprechblasen über den Köpfen." - Maybrit Illner | „Ich habe jetzt einen Sitzsack." - „Tut das nicht weh?" | Lafagne bleibt fo furfbar lange heif. Da verbrennt man fif die Funge fo ftark, daff man nif mal mehr freiben kann. | Wer beim Pizzaessen keine Jogginghose trägt, hat die Kontrolle über sein Homeoffice verloren. | Einer meiner meist gedachten Sätze ist „Nu is auch egal; jetzt kannste auch alles aufessen." | Ich habe ein Schwein und einen Kraken gekreuzt, es war ein ziemliches Specktakel. | „Es herrscht Meinungsfreiheit, also halt gefälligst deine Fresse." | Hundekuchen ist blau, daher ist grün wärmer als draußen, und gestern war der Wurtsalat rechts später. Manche Argumentationsketten immer so. | „Cool, Schrottwichteln!" - „Lassen Sie mich sofort los!!" | Ich finde meine FireTV Fernbedienung nicht und damit sind meine gesamten Sonntagspläne akut gefährdet. | Nice token you got there. Be a shame if someone ... funged it. | Alle, die die Kraft des Wassers unterschätzen, haben noch nie einen Löffel falsch unter den Wasserhahn gehalten. | Manchmal trifft man jemanden und weiß sofort, dass man sein ganzes Leben ohne ihn verbringen will. | [Meteor schlägt auf Erde ein] Dinosaurier: „Oh nein, die Wirtschaft!!" | Bro: „Ich hab dein Rücken, Bro!" Ich: „Danke, Bro!" *alle meine Organe fallen zu Boden* | Warum heißt es Pfund Sterling und nicht Britcoin? | Erstes Date. Er: „Ich steh total auf animalische Frauen!" Sie: „Ich kann fressen wie ein Schwein!" | „Ich spreche mit euch, junge Leute. Euch! Passt auf! Die größte Gefahr für unsere Demokratie ist, wenn junge Leute denken, hier geht es nicht um mich, ich gucke einfach auf mein Handy'." - Barack Obama | „Ich hab' heute wieder dran gedacht, dass ich mir zu viel Gedanken mach" - Casper | „Die Gefährlichsten sind die, die sich einbilden, sie könnten denken. Aber sie können nur an sich denken und nicht an die Folgen für die anderen. Die richten das meiste Unglück an." - Meister Eder | „Die anderen Spieler sind auch nur Menschen, also spiel so gut und so frei du kannst." - Leroy Sané | „Meistens wissen die Leute nicht, was sie wollen, bis man es ihnen zeigt." - Steve Jobs | „Der tote Hitler ist gefährlicher als der lebende." - Erwin Rommel | „Löse das Problem, nicht die Schuldfrage." - Laotse | Ich hab's gar nicht so böse gesagt, wie ich es gemeint hab. | Bindungsängste sind was für Anfänger, echte Profis haben Angst davor, überhaupt jemanden kennenzulernen! | „Man, mein neues Handy kann gar keine schönen Fotos machen. Wie geht denn das?" - „Geh doch aus dem Bild?!" | Mein Krafttier bewegt sich nicht mehr und riecht ganz komisch. | „Was ist dein Lieblingstier?" - „Die Blätterteigschnecke." | Erst zum Mittag aufstehen ist auch Intervallfasten. | Ich: „Ja, sorry, aber in Brasilien geben sie zur Begrüßung auch immer Küsschen links, rechts." Pizza-Lieferant: „Bitte einfach hier unterschreiben." | Ich bin so unmotiviert, als Blume wäre ich eine Nölke. | Führe mich nicht in Versuchung. Ich finde allein hin. | Ich dachte, dass Disney-Filme immer ein Happy End haben. Aber dann sah ich, wie Dornröschen am Ende doch aufstehen musste. | „Mama, wo ist der Edding?" - „In der Schublade." - „In welcher?" - „In der chaotischen mit dem Krimskrams." - „Das hilft mir jetzt nicht wirklich weiter." | Des Deutschen liebstes Tier ist und bleibt der Sündenbock. | „Das Weiche besiegt das Harte, das Schwache triumphiert über das Starke." - Laotse | „Große Geister diskutieren über Ideen. Durchschnittliche Geister diskutieren über Geschehnisse. Kleine Geister diskutieren über Menschen." - Eleanor Roosevelt | „Sometimes I feel so sick at the state of the world I can't even finish my second apple pie." - Banksy | „Zieh viele darüber zurate, was du tun sollst, aber teile nur wenigen mit, was du ausführen wirst." - Niccolò Machiavelli | Wie nennt man einen Vogel mit Blähungen? Pupmatz. | Warum heißt es Kloschüssel und nicht Furzellan? | Wegbier wurde mir gerade als Fußpils verkauft. Ist das 'ne gängige Floskel? | „Ich entscheide die großen Dinge und meine Frau die kleinen. Welche Dinge groß und welche klein sind, entscheidet meine Frau." - Uwe Seeler | „Wir leben auf einer friedlichen Insel der Ahnungslosigkeit inmitten schwarzer Meere der Unendlichkeit, und es war nicht vorgesehen, dass wir diese Gewässer weit befahren sollen." - H. P. Lovecraft | „Musik spricht dort, wo Worte fehlen." - Hans Christian Andersen | „Wenn ich mein Leben noch einmal leben könnte, würde ich die gleichen Fehler machen. Aber ein bisschen früher, damit ich mehr davon habe." - Marlene Dietrich | „Die größte Gefahr für unsere Zukunft ist die Apathie." - Jane Goodall | In einer Welt ohne Schuhe liegen überall unsichtbare Legosteine. | Heute ist Putztag. Die erste Tafel Schokolade ist schon verputzt. | Egal wie sauer du bist, Dinos sind Saurier. | Besser einen an der Waffel haben, als gar nix gebacken bekommen. | „Pünktlichkeit ist eine Tugend." - „Schnauze halten auch." | Random ist random ist random ist random. | „Ich boykottiere Halloween, das doch Amikommerzkacke!" - „Was machste dann?" - „Ich hol was von Mc Donalds und schau Netflix." | „Dieser infantile Humor geht mir echt auf den Sack." - „ Gnihihi, Sack." | Das Leben ist eigentlich zu kurz für langweiligen Scheiß. Nur wie sagt man das dem Lehrer? | Polizeikontrolle: „Warum haben sie 38 Packungen Merci im Auto, keiner mag die!?" - „Es tut mir leid, ich bin Erzieherin." | Klimawandel: Italienische Restaurants bieten nur noch Pizza Drei Jahreszeiten an. | „Du solltest dringend abnehmen. Ich hätte da ein paar Ernährungstipps." - „Lass uns das bei Kaffee und Kuchen besprechen." | Ich gucke lost, während alle anderen Lost gucken. | „Willst du abnehmen?" - „Jo." - „Willst du noch Nachtisch?" - „Jo." Das ist der Jo-Jo-Effekt. | „Wer sich zum Wurm macht, kann nachher nicht klagen, wenn er mit Füßen getreten wird." - Immanuel Kant | Wenn man einen Apfel ins Weltall wirft schimmelt der dann, oder? | „Für dich braucht man 'nen Waffenschein." - „Weil ich so scharf bin?" - „Weil du den Schuss nicht gehört hast." | „Dass Leute einen steigenden Benzinpreis für gefährlicher halten als einen steigenden Meeresspiegel werden uns kommende Generationen nicht verzeihen." - Rayk Anders | Spotify-Suche: „Du hast ein Leerzeichen vergessen. Diesen Song kenne ich nicht." YouTube-Suche: „Diesen einen Typ mit der Gitarre? Ich weiß genau was du meinst. Hier das Video, welches du wolltest. Kaffee dazu?" | „Was sind Ihre Stärken?" - „Beharrlichkeit." - „Was noch?" - „Beharrlichkeit." - „Wir melden uns." - „Ich warte hier." | Kellner: „Was darf's sein?" Kuh: „Gras." Pferd: „Gras." Schaf: „Gras." Schwein: *rückt Krawatte zurecht* „Trüffel!" | Schon sieben Minuten Twitter decken deinen Tagesbedarf an Belaststoffen! | Wer wohnt im Dschungel und schummelt? Mogli. | „Ob ich mir auch so einen Schrittzähler kaufe?" - „Ach, bei dir reicht 'ne Strichliste." *Handgemenge* | „Wo warst du?" - „Auf der Suche nach mir selbst" - „Und?" - „War zu faul, so weit zu laufen." | „Rouven-Mathias, kommst du mal bitte? Wir haben in deinem Zimmer BWL-Bücher gefunden und möchten mit dir darüber konstruktiv sprechen." | Egal wie viele Persönlichkeiten du hast, Putzen will keine. | „Mama, Papa ...ich muss euch etwas sagen ...ich bin ...ich bin politisch." | Warum sind es in Deutschland eigentlich 'Eh'-Autos, aber 'Ih'-Bikes? | Etwas richtig betonen. Also, mit Beton. | Wie melde ich eigentlich gendergerecht ein herrenloses Damenfahrrad? | Ich: „Es wäre besser, wenn du jetzt gehst." Date: „Das ist meine Wohnung." | Vermutlich bin ich deshalb immer so müde, weil so viele Talente in mir schlummern. | „Ich kann von hier, wo ich bin, leider nicht faxen, sorry." - „Und wo sind Sie?" - „2023, ich bin in 2023." | „Dafür benötigen wir einen Ausdruck." - „Reicht im Gesicht oder soll ich was tanzen?" | Warum heißt es Kohlroulade und nicht Deutschwrap? | Wenn die Maskenpflicht abgeschafft wird, ist meine Bauchrednerkarriere am Ende. | Wer immer alles weglächelt, wird irgendwann zum Joker. | Bitte nicht stören, bin schon gestört genug. | „Schon mal nachgedacht?" - „Worüber?" - „Ich wollte es nicht gleich so einschränken." | Er: „Ich komm dich um fünf abholen, ich hupe, wenn ich unten bin." Sie: „Du kommst mit dem Auto?" Er: „Nein, nur mit der Hupe." | „Du wolltest doch die Wäsche abhängen!" - „Ich hab nur abhängen verstanden." | „Was naschst du denn da?" - „Knusprigen Kartoffelsalat." - „Aber das ist doch 'ne Chipstüte." - „KNUSPRIGER KARTOFFELSALAT!" | [Erster Tag im GTI-Tuning-Forum] Ich will ja nicht spoilern, aber... [Letzter Tag im GTI-Tuning-Forum] | Ich spüre heute das Tier in mir. Es ist ein Faultier. | Witze über Tofu sind geschmacklos. | „Warum nimmst du immer dein Handy mit aufs Klo?" - „Damit der Schrittzähler abends nicht auf Null steht." | Bekanntgabe im Amtsblatt: „Die, die die, die die Rathauswände beschmiert haben, anzeigen, erhalten 100 Euro Belohnung." Das war Deutsch. | „Nennen Sie ein kleines Streichinstrument!" - „Messer." | Für dumm verkaufen ist Marketing, an dumm verkaufen ist Vertrieb. | Viele Dinge fallen mir einfach so zu. Augen, zum Beispiel. | Deutsche Zivilcourage ist mit dem Kopf schütteln, wenn jemand über Rot geht. | „Das ist ein schwieriges Level." - „Das ist dein Leben." | Bei mir zu Hause könnte auch mal wieder Staub geschippt werden. | Er hatte Austern, Schnecken und Kobe-Rind probiert, doch nichts würde je wieder so schmecken wie die Schnur seiner Anorakkapuze als Kind. | Leben ist in 9 Monaten Laufen lernen und sich die restlichen Jahre fragen wohin. | Was mir bei Netflix definitiv fehlt, ist ein Button mit „Nein, ich will diese Serie endgültig nicht sehen, bitte schlag sie mir nicht in jeder einzelnen Kategorie vor!" | „Haste voll gut gemacht." - „Was?" - „Nichts." | Accordion to a recent survey, 7 out of 10 people don't notice when a word in a sentence is replaced by a musical instrument. | Wo immer die Sonne scheint, ist meistens Wüste. | Wenn du früh aufstehst, hasst du mehr vom Tag. | Warum heißt es Balkon und nicht unbedachte Äußerung? | „Warum isst du denn kein Schweinefleisch?" - „Aus religiösen Gründen." - „Moslem?" - „Nein, ich bin Schweinepriester." | Bevor du mit dem Kopf durch die Wand gehst, überleg dir, was du im Nebenzimmer willst. | Warum sagt man eigentlich „besorgter Bürger" und nicht Schlandmaul? | „Wir werden alle sterben, jeder von uns, was für ein Zirkus! Das alleine sollte uns dazu bringen, uns zu lieben, aber das tut es nicht. Wir werden terrorisiert von Kleinigkeiten, zerfressen von gar nichts." - Charles Bukowski | Meine geheime Superkraft ist, fünf Stunden gar nichts zu machen, um dann alles, was ich mir vorgenommen habe, in 30 Minuten zu erledigen. Mit Salto! | Einmal mit Profis war früher, heute reicht mir schon einmal ohne Idioten. | Aldi-Mitarbeiter irritiert, weil er Netto-Gehalt bekommt. | Melanie möchte noch sagen: „Kuchenstücke unter 300 g sind Kekse!" | „Schatz, ich geh joggen." - „Ist es dafür nicht zu spät?" - „Wieso, es ist doch erst 18 Uhr?" - „Das meinte ich nicht." | Du hast den schönsten Hintern. Weit und breit. Satzzeichen gefährden Beziehungen. | Jeder Deutsche erhält einer Studie zufolge im Schnitt fast 50 Pakete pro Jahr. 45 davon sind für den Nachbarn. | „Papa, hat mein Doppelname irgendeine tiefere Bedeutung?" - „Nein, Corona-Marie, und jetzt ruf deinen Bruder Viruslav zum Abendessen." | Wo findet man viele Kühe? Im Muuuuuhseum | Warum heißt es „schweigend zustimmen" und nicht „zustummen"? | Was fliegt durchs All und ist gut für die Verdauung? Ein Pflaumschiff. | Drei Dinge, die ich im Mathetest immer gut konnte: Name, Klasse und Datum. | Schiff sinkt: „Schwimmwesten beschränken meine Freiheit." - „Warum Frauen und Kinder zuerst?" - „Wasser war noch nie gefährlich - hier eine Studie. Wir bestehen zu über 90 % draus." - „Kinder ertrinken nicht. Hab ich auf 'nem Nirvana-Cover gesehen." - „An Krebs sterben auch Menschen." | Ich mag an Schlaf die Kombination aus nichts mitbekommen und kein Geld ausgeben können. | Sind befreundete Gummibärchen eigentlich Haribros? | „Du hast uns gerade noch gefehlt!" - „Kein Problem, jetzt bin ich ja da!" | Alles wird gut. Für wen steht noch nicht fest. | „Ich hätte gern den Orca an Kartoffelstampf." - „Wir sind ein Wahllokal!" - „Hm ...oder ist der Pottwal frisch?" - „WAHLLOKAL!" | „Warum tanzt ihr beim Streiten?" - „Das is 'ne Discossion!" | Bringt auch nichts, wenn das Parfüm Boss heißt, du aber trotzdem nur wie Hugo aussiehst. | „Kann ich so zum ersten Date?" - „Du trägst ein Brautkleid ..." - „JA ODER NEIN?" | „Vorgestern Vollkorn, gestern Toast, heute Pumpernickel ..." - „Was machst du da?" - „Ich schreibe das Brotokoll." | „Warum haben Sie das Unternehmen verlassen?" - „Der fähigste leitende Mitarbeiter war ein Kupferkabel." | „Ich lass mir doch von der nichts vormachen!" - „Das ist die Yogalehrerin, Papa." | „ICH HASSE ALLES!" - „Bitte entspann dich!" - „ICH HASSE FAST ALLES!" | Wir sitzen alle im selben Boot. Die einen rudern, die anderen angeln. | „Was ist das für ein Lidschatten, den du trägst?" - „Keiner, ich bin nur müde!" | Pissnelken blühen ganzjährig. | Natürlich kann man sagen, was man denkt, nur vorher muss man auch denken. | „Wenn ich auf jemanden wütend bin reagiere ich endlich wie ein richtiger Erwachsener."- „Blockierst und löschst alle Chats?" - „Jepp" | „Arbeiten Sie hier?" - „Moment, ich frag mal nach." | „Wie viel Leute arbeiten eigentlich in ihrem Betrieb?" - „Hmm, ich schätze mal ein Drittel." | Arzt: „Was hatten Sie zum Frühstück?" Ich: „2 Eier." Arzt: „Exzellent. Was noch?" Ich: „4 Äpfel." Arzt: „Sehr gesund." Ich: „Und etwas Milch." Arzt: „Hört sich gut an." Ich: „Und 125g Butter." Arzt: „Ok." Ich: „Und 125 g Zucker." Arzt: „Beschreiben Sie mir gerade das Rezept eines ganzen Apfelkuchens?" Ich: „ " | Wahnsinn, was ich so alles an einem Tag nicht schaffe. | „Konnst di duschn!" - Bayern, wenn das Bad frei wird - Arnold Schwarzenegger, wenn er constitiution sagt | „Sie haben da eine Lücke im Lebenslauf!" - „Das kann nicht sein, ich habe seit meiner Geburt ununterbrochen existiert." | „Eines Tages wird das alles dir gehören ..." - „Mama ... das ist die Geschirrspülmaschine!" „Ja, und sie ist voll und sauber! Nun denn, gehe hin und kümmere dich um dein Erbe mein Kind!" | Ein großes Problem der heutigen Zeit ist, dass jeder genau die Antwort im Internet findet, die er lesen möchte. | Neukölln. Minutenlang läuft ein Mann die Weserstraße auf und ab & brüllt in einer Tour: „WHAT TIME IS IT?" Ein Streifenwagen rollt vorbei, als eine Polizistin aus dem Wagen ruft: „It's vierzehn Uhr." Der Mann nickt & geht davon. Sie macht mich fertig, diese Stadt. Es ist nicht 14 Uhr. | „Du blickst aber schon ziemlich lange in diesen Abgrund!" - „Ja. Ich mag, wie er mich ansieht." | Habe mir geschworen, nur noch Netflix zu schauen, wenn ich dabei Gymnastik mache. Und dann habe ich beschlossen, dass es auch Gymnastik ist, wenn ich die Chips weiter weg stelle und danach greifen muss. | „Ich bin müde ..." - „ACH DU BIST DAS!" | „Weißt du, mein Kind", sagte meine Tante mal zu mir, „die Welt wird nicht von denen zusammengehalten, die ihre Gläser mit Sekt in die Kamera halten. Die Welt wird von denen zusammengehalten, die diese Gläser spülen und wieder in den Schrank stellen." | Wenn's schnell genug geht, kann ich auch geduldig sein. | Schweizer fast erstickt, weil Restaurantgäste Würgelaute für Schwiizerdütsch hielten. | Wie ich mir 1 Vorstellungsgesprech in der Schweiz vorstell: „Grüzi!" I: „Guten Tag." „Möchten sie 1 Chäsestückli haben?" I: „Ähm, ja wieso nicht." „Warum hennt sie unser Firmli usgwählt?" I: „I mog Käse." „Sie können sofort bei uns anfange für 1000 Fränkli s Stündli." | Nicht sehr erfolgreiche Kinderserie über ein Honig sammelndes Insekt. Biene Naja. | „Haben Sie noch Sechskornbrötchen?" - „Leider nicht." - „Dann nehm ich zwei Dreikorn." Rechnen kann ich. | Passwort für Wegwerfaccount auf einer Internetseite, die ich einmal benutzt habe: baUBÄRGUbuXdgl!!rb3ti2/? Pin für all mein Geld: 1234 | Ich: *joggt zwei Minuten* Mein Fitness-Armband: „Benötigen Sie medizinische Hilfe?" | „In deinem Garten steht eine große, haarige, affenartige Gestalt und entfernt das Unkraut!" - „Ja, das ist der Jäti." | Wer glaubt, nur Verwandtschaft sei Familie, hat nichts begriffen. | Wenn sich eine Katze erschreckt, springt sie aus dem Stand bis zu einem Meter hoch. Es sei denn, sie steht unter einem Glastisch. Dann nur 40 cm. | Meine Mutter schreibt seit zwanzig Minuten bei WhatsApp. Bin echt gespannt ob's ein Wort ist oder zwei. | „Hat der Smart eine Einparkhilfe?" - „Ja, wenn Sie das Fenster öffnen, den Arm rausstrecken und mit der Hand ans Heck fassen, können Sie fühlen, ob noch Platz ist." Liebe den Autoverkäufer sehr. | Die Frage, die man sich immer wieder stellen sollte, ist „Hä?". | Doofe gibt es schon immer, nur nicht mit so einer Reichweite. | Ich: „Der Joghurt ist abgelaufen!" Mama: „Hat er dir das selbst gesagt?" Ich: „Nein?" Mama: „Dann ist er noch gut!" | Kundin: „Machen mich diese Hosen dick?" Verkäuferin: „Also ich würde Ihnen wirklich dringend davon abraten, die zu essen!" | „Hast du auch so einen Schrittzähler?" - „Nee, ich fange erstmal langsam mit einem Bewegungsmelder an." | „Könnt ihr bitte aufhören zu streiten?" - „Wir streiten gar nicht! Wir spielen nur lauter als sonst!" - „Und warum weint deine Schwester?" - „Die weint gar nicht! Ihre Augen schwitzen!" | „Seit wann hast du so schlechte Laune?" *Schaut auf die Uhr.* *Schaut in den Kalender.* *Schaut auf die Geburtsurkunde.* | Man muss nicht von allen gemocht werden, aber man kann es krampfhaft versuchen. | Endlich den Anruf gemacht, vor dem ich mich seit Tagen drücke. Besetzt. Macht nichts, versuch ich's halt nächsten Monat noch mal. | Eins der bestgehüteten Geheimnisse der CDU ist ja, das der zweite Vorname von Friedrich Merz Kopfsch ist. | Schreiben ist 50 % lügen und 50 % klauen. | Wenn jeder von uns versuchen würde, nur ein Prozent netter zu sein als die anderen, dann ergäbe das ein exponentielles Nettigkeitswachstum, und in ein paar Monaten wäre die gesamte Bevölkerung freundlichkeits durchseucht. | „Ich habe noch nie eine Katze gesehen, die so misstrauisch ist." - „Das ist ein Skeptiger!" | Lehrer: „An was denkt ihr, wenn ihr diese Gleichung seht?" Schüler: „Schule abbrechen." | Lehrer - der einzige Job, bei dem man Büromaterial zu Hause klaut und mit auf die Arbeit bringt. | Diese Szene vor meinem Balkon damals, als eine Gruppe Jugendliche aufeinander losgehen wollte und der eine brüllte „JUNGE, LASS MICH DOCH ERST MEINEN DURSTLÖSCHER WEGSTELLEN" lebt mietfrei in meinem Kopf. | Deutschland. Wo „Sorry, ich hatte kein Netz" immer noch eine glaubwürdige Ausrede ist. | Wenn man pupsen und gleichzeitig niesen muss, macht der Körper einen Screenshot. | „Sind Sie Norddeutscher?" - „Woran haben Sie das erkannt? Wohne jetzt schon länger nicht mehr im Norden ..." - „Der Bart, die gelbe Regenjacke, Gummistiefel, Schifferklavier und das Fischbrötchen haben Sie verraten." | „Wir müssen Geschlossenheit zeigen!" - „Könnten Sie mit Ihrem Mund anfangen?" | Wenn der Plan nicht funktioniert, dann ändere den Plan. Aber niemals das Ziel. | Bewerbungsgespräch: „Was würden Ihre Freunde sagen, ist Ihre größte Schwäche?" - „Ich habe keine." - „Ach kommen Sie, jeder hat doch irgendeine Schwäche." - „Ich meinte Freunde." | Offensichtlich ist es unhöflich, jemandem an die Stirn zu tippen und „Intro überspringen" zu sagen, wenn er anfängt, mit einem zu reden. | Der liebe Gott im Himmel: „ICH SEHE ALLES!" Irgendein schwäbischer Mönch mit Nudelteig: „Na DAS wollen wir ja mal sehen." | „Und was war damals dein liebstes Turngerät im Sportunterricht?" - „Der Mattenwagen." | „Ich will mich jetzt nur noch vegan ernähren. Was für Bücher kann man da empfehlen?" - „Eigentlich egal, Bücher schmecken fast alle gleich ..." | „Morgen mach ich mal nichts." - „Aber du machst doch nie irgendwas." - „Ja, aber für morgen hab ich mir das vorgenommen." | Im Harry-Potter-Universum könnte man sich bestimmt ein GIF tätowieren lassen. | Warum heißt es Welpe und nicht Hundesohn? | „AUAAA!" - „Hast du dich verbrannt?" - „Nein, in meinem Kulturkreis begrüßen wir heiße Speisen aus dem Ofen generell mit Gesang und Tanz ..." | Deutsche finden Gendern kompliziert und umständlich und heißen gleichzeitig Phillip, Philip, Phillipp, Fhilipp, Fillip, Filip oder Jannik, Jannick, Janik, Janick, Yannik, Yannick. | Im Smartphone brennt noch Licht. | Das Wichtigste ist, dass man Leute in seinem Leben hat, vor denen es einem nicht peinlich sein muss, sie in Insta Gewinnspielposts zu taggen. | Da stellt man nur kurz seine Schultasche ab, schaut wieder hoch in den Spiegel, und hat plötzlich silberne Strähnen und eine Lesebrille. | Wenn man sich die Frage stellt, ob man gehen oder bleiben soll, hat man meistens schon die Frage mit der Frage beantwortet.

MEIN H♥RZ
spielt nur in kleinen Clubs!

THERERƎHT
ARERA
TWOWT
SIDESƎDIS
TOT
EVERYRƎVƎ
STORYROTS

Everyone is deep but most are afraid to dive.

Notizen

„Es ist niemals zu spät - niemals zu spät, neu anzufangen;
niemals zu spät, glücklich zu sein."
– *Jane Fonda*

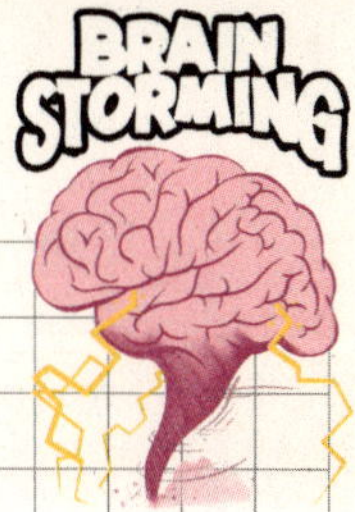

„Was hast du gesagt, Pandora?" - „Ich habe gefragt, ob du mir den Dosenöffner geben kannst." - „Achso. Hier bitte schön, Süssi." | Immer wenn ich auf der Couch die Füße hochlege, gehen meine Augenlider zu. Ich glaube, meine Haut ist zu kurz. 😜

Heißen weibliche Erdmännchen Erdweibchen oder Erdmännchenweibchen? | Darf man deutsche Aluhutträger „Folienkartoffel“ nennen? | Warum Brandschutzkleidung und nicht Feuerwear? | Warum heißt es Zahlungsunfähigkeit und nicht Kohleausstieg?

Warum heißt es Bankkaufleute und nicht Spargelernte? | Warum Vulkan und nicht Erdgeschoss? | Wohnen alle Kellner im Obergeschoss? | Warum sagt man unterstreichen und nicht betonieren? | Warum heißt es Turmspringen der Herren und nicht Malediven?

Engel: „Was wird das?“ Gott: *Spitzt Delfin an* „Hai!“ | [Mein erster Tag als Chirurg] Ich: „Igitt!“ | Was macht die Security in der Nudelfabrik? Naaa…?▯ Die Pasta auf! | Wieso wurden nur Tick und Track geimpft? Ärzte hassen diesen Trick.

Wie nennt man ein Schwein ohne Ei? nwhɔƧ | „Ja mei." - Bayerische Panikattacke | Hunde verschlafen 80 % ihres Lebens. Ich bin zwei Hunde. | Gott: *erfindet Hammerhai* Nagelhai: „Och menno ..." | Niesen in Emojis: 🙂😐😯😯😮😫😫😫😠🙂

„I hätt no gern a Stück von der Dordn do." - „Die Dordn do?" - „Nana, die Dordn da dordn!" - „Achso die Dordn da dordn!" | „Schicke Jacke, Bro." - „Du bist hier in BERLIN, Junge! Hier heißt dit SCHNIEKE!" - „Oh, sorry, schicke Schnieke, Bruder!"

BREADURDAY!

Ich: „Warum reden wir nicht über den großen rosa Elefanten im Raum?“ Elefant: „Ich kann Sie höööören.“ | Treffen sich zwei Pickel im Gesicht. Fragt der eine: „Wo ist denn deine Freundin?“ Antwortet der andere: „Die ist abgekratzt.“

„Ich wurde ja nach meinem Großvater benannt" – „Wieso, wie heißt du denn?" – „Opa." | „Du bist nicht du, wenn du nass bist." – Mein Fingerabdrucksensor, immer | *Öffnet Fenster* *84 Burgerpapiere flattern davon.* „Oh nein! Meine Forschungsergebnisse!"

Jahresübersicht 22|23

„Nichts ist absolut. Alles ändert sich, alles bewegt sich, alles dreht sich, alles fliegt und geht weg."
- Frida Kahlo

August 2022	September 2022	Oktober 2022	November 2022	Dezember 2022	Januar 2023
01 Mo 31	01 Do 35	01 Sa	01 Di Allerheiligen	01 Do 48	01 So Neujahr
02 Di	02 Fr	02 So Erntedankfest	02 Mi Allerseelen 44	02 Fr	02 Mo 01
03 Mi	03 Sa	03 Mo Tag der Dt. Einheit	03 Do	03 Sa	03 Di
04 Do	04 So	04 Di 40	04 Fr	04 So 2. Advent	04 Mi
05 Fr	05 Mo 36	05 Mi	05 Sa	05 Mo 49	05 Do
06 Sa	06 Di	06 Do	06 So	06 Di Nikolaus	06 Fr Heilige Drei Könige
07 So	07 Mi	07 Fr	07 Mo 45	07 Mi	07 Sa ○
08 Mo 32	08 Do	08 Sa	08 Di ○	08 Do ○	08 So
09 Di	09 Fr	09 So ○	09 Mi	09 Fr	09 Mo 02
10 Mi	10 Sa ○	10 Mo 41	10 Do	10 Sa	10 Di
11 Do	11 So	11 Di	11 Fr Martinstag	11 So 3. Advent	11 Mi
12 Fr ○	12 Mo 37	12 Mi	12 Sa	12 Mo 50	12 Do
13 Sa	13 Di	13 Do	13 So Volkstrauertag	13 Di	13 Fr
14 So	14 Mi	14 Fr	14 Mo 46	14 Mi	14 Sa
15 Mo Mariä Himmelfahrt	15 Do	15 Sa	15 Di	15 Do	15 So
16 Di 33	16 Fr	16 So	16 Mi Buß- und Bettag	16 Fr	16 Mo 03
17 Mi	17 Sa	17 Mo 42	17 Do	17 Sa	17 Di
18 Do	18 So	18 Di	18 Fr	18 So 4. Advent	18 Mi
19 Fr	19 Mo 38	19 Mi	19 Sa	19 Mo 51	19 Do
20 Sa	20 Di Weltkindertag	20 Do	20 So Ewigkeitssonntag	20 Di	20 Fr
21 So	21 Mi	21 Fr	21 Mo 47	21 Mi Winteranfang	21 Sa ●
22 Mo 34	22 Do	22 Sa	22 Di	22 Do	22 So
23 Di	23 Fr Herbstanfang	23 So	23 Mi ●	23 Fr ●	23 Mo 04
24 Mi	24 Sa	24 Mo 43	24 Do	24 Sa Heiligabend	24 Di
25 Do	25 So ●	25 Di ●	25 Fr	25 So 1. Weihnachtstag	25 Mi
26 Fr	26 Mo 39	26 Mi	26 Sa	26 Mo 2. Weihnachtstag	26 Do
27 Sa ●	27 Di	27 Do	27 So 1. Advent	27 Di 52	27 Fr
28 So	28 Mi	28 Fr	28 Mo 48	28 Mi	28 Sa
29 Mo 35	29 Do	29 Sa	29 Di	29 Do	29 So
30 Di	30 Fr	30 So Zeitumstellung	30 Mi	30 Fr	30 Mo 05
31 Mi		31 Mo Reformationstag		31 Sa Silvester	31 Di

Februar 2023	März 2023	April 2023	Mai 2023	Juni 2023	Juli 2023
01 Mi 05	01 Mi 09	01 Sa	01 Mo Tag der Arbeit	01 Do 22	01 Sa
02 Do	02 Do	02 So Palmsonntag	02 Di 18	02 Fr	02 So
03 Fr	03 Fr	03 Mo 14	03 Mi	03 Sa	03 Mo ○ 27
04 Sa	04 Sa	04 Di	04 Do	04 So ○	04 Di
05 So ○	05 So	05 Mi	05 Fr ○	05 Mo 23	05 Mi
06 Mo 06	06 Mo 10	06 Do Gründonnerstag ○	06 Sa	06 Di	06 Do
07 Di	07 Di ○	07 Fr Karfreitag	07 So	07 Mi	07 Fr
08 Mi	08 Mi Weltfrauentag	08 Sa	08 Mo 19	08 Do Fronleichnam	08 Sa
09 Do	09 Do	09 So Ostersonntag	09 Di	09 Fr	09 So
10 Fr	10 Fr	10 Mo Ostermontag	10 Mi	10 Sa	10 Mo 28
11 Sa	11 Sa	11 Di 15	11 Do	11 So	11 Di
12 So	12 So	12 Mi	12 Fr	12 Mo 24	12 Mi
13 Mo 07	13 Mo 11	13 Do	13 Sa	13 Di	13 Do
14 Di Valentinstag	14 Di	14 Fr	14 So Muttertag	14 Mi	14 Fr
15 Mi	15 Mi	15 Sa	15 Mo 20	15 Do	15 Sa
16 Do	16 Do	16 So	16 Di	16 Fr	16 So
17 Fr	17 Fr	17 Mo 16	17 Mi	17 Sa	17 Mo ● 29
18 Sa	18 Sa	18 Di	18 Do Christi Himmelf. | Vatertag	18 So ●	18 Di
19 So	19 So	19 Mi	19 Fr ●	19 Mo 25	19 Mi
20 Mo Rosenmontag ● 08	20 Mo Frühlingsanfang 12	20 Do ●	20 Sa	20 Di	20 Do
21 Di Fastnacht	21 Di ●	21 Fr	21 So	21 Mi Sommeranfang	21 Fr
22 Mi Aschermittwoch	22 Mi	22 Sa	22 Mo 21	22 Do	22 Sa
23 Do	23 Do	23 So	23 Di	23 Fr	23 So
24 Fr	24 Fr	24 Mo 17	24 Mi	24 Sa	24 Mo 30
25 Sa	25 Sa	25 Di	25 Do	25 So	25 Di
26 So	26 So Zeitumstellung	26 Mi	26 Fr	26 Mo 26	26 Mi
27 Mo 09	27 Mo 13	27 Do	27 Sa	27 Di	27 Do
28 Di	28 Di	28 Fr	28 So Pfingstsonntag	28 Mi	28 Fr
	29 Mi	29 Sa	29 Mo Pfingstmontag	29 Do	29 Sa
	30 Do	30 So	30 Di 22	30 Fr	30 So
	31 Fr		31 Mi		31 Mo 31

○ Vollmond
● Neumond

„Kann ich jetzt mit diesem neuen digitalen Impfpass auf dem Handy in den Urlaub fliegen?" - „Nein, dafür benötigen Sie ein Flugzeug."

„Alles, was noch nicht gewesen ist, ist Zukunft, wenn es nicht gerade jetzt ist.“ – *Angela Merkel*

Juli 2022

01	Fr			26
02	Sa			
03	So			
04	Mo			27
05	Di			
06	Mi			
07	Do		☽	
08	Fr			
09	Sa			
10	So			
11	Mo			28
12	Di			
13	Mi		○	
14	Do			
15	Fr			
16	Sa			
17	So			
18	Mo			29
19	Di			
20	Mi		☾	
21	Do			
22	Fr			
23	Sa			
24	So			
25	Mo			30
26	Di			
27	Mi			
28	Do		●	
29	Fr			
30	Sa			
31	So			

Ich sitze auf Balkön / schön.

August 2022

01	Mo	Bundesfeiertag (CH)		31
02	Di			
03	Mi			
04	Do			
05	Fr		☽	
06	Sa			
07	So			
08	Mo	Friedensfest (Augsburg)		32
09	Di			
10	Mi			
11	Do			
12	Fr		○	
13	Sa			
14	So			
15	Mo	**Mariä Himmelfahrt (BY teilw., SL)**		
16	Di			33
17	Mi			
18	Do			
19	Fr		☾	
20	Sa			
21	So			
22	Mo			34
23	Di			
24	Mi			
25	Do			
26	Fr			
27	Sa		●	
28	So			
29	Mo			35
30	Di			
31	Mi			

Sie: *schickt 😘 👫 😍 Nachricht (~500 Zeichen)* Er: 👍

September 2022

01	Do			35
02	Fr			
03	Sa		☽	
04	So			
05	Mo			36
06	Di			
07	Mi			
08	Do			
09	Fr			
10	Sa		○	
11	So			
12	Mo			37
13	Di			
14	Mi			
15	Do			
16	Fr			
17	Sa		☾	
18	So			
19	Mo			38
20	Di	**Weltkindertag (TH)**		
21	Mi			
22	Do			
23	Fr	Herbstanfang		
24	Sa	St. Rupert (AT)		
25	So		●	
26	Mo			39
27	Di			
28	Mi			
29	Do			
30	Fr			

2016: Welches Album kommt diesen Freitag raus?
2018: Welche Songs kommen diesen Freitag raus?
2022: Welcher Eistee kommt diesen Freitag raus?

„The biggest mistake we make in life is thinking we have time." - *Kobe Bryant*

Oktober 2022

01	Sa		
02	So	Erntedankfest	
03	Mo	**Tag der Deutschen Einheit**	☽
04	Di		40
05	Mi		
06	Do		
07	Fr		
08	Sa		
09	So		○
10	Mo	Tag der Volksabstimmung (AT)	41
11	Di		
12	Mi		
13	Do		
14	Fr		
15	Sa		
16	So		
17	Mo		☾ 42
18	Di		
19	Mi		
20	Do		
21	Fr		
22	Sa		
23	So		
24	Mo		43
25	Di		●
26	Mi	Nationalfeiertag (AT)	
27	Do		
28	Fr		
29	Sa		
30	So	Zeitumstellung (-1 Std.)	
31	Mo	**Reformationstag** (BB, HB, HH, MV, NI, SH, SN, ST, TH)	

„Der Film dauert aber lange." - „Das ist eine Serie ... mit fünf Staffeln."

November 2022

01	Di	**Allerheiligen (BW, BY, NW, RP, SL)**	☽
02	Mi	Allerseelen	44
03	Do		
04	Fr		
05	Sa		
06	So		
07	Mo		45
08	Di		○
09	Mi		
10	Do		
11	Fr	Martinstag | Karnevalsbeginn	
12	Sa		
13	So	Volkstrauertag	
14	Mo		46
15	Di	St. Leopold (AT)	
16	Mi	**Buß- und Bettag (SN)**	☾
17	Do		
18	Fr		
19	Sa		
20	So	Ewigkeitssonntag	
21	Mo		47
22	Di		
23	Mi		●
24	Do		
25	Fr		
26	Sa		
27	So	1. Advent	
28	Mo		48
29	Di		
30	Mi		☽

„Ha, ich glaub's nicht, jetzt gibt es von Barack Obama schon ... ach nee, schon gut." *stellt unauffällig das Backaroma zurück*

Dezember 2022

01	Do		48
02	Fr		
03	Sa		
04	So	2. Advent	
05	Mo		49
06	Di	Nikolaus	
07	Mi		
08	Do	Mariä Empfängnis (AT, CH)	○
09	Fr		
10	Sa		
11	So	3. Advent	
12	Mo		50
13	Di		
14	Mi		
15	Do		
16	Fr		☾
17	Sa		
18	So	4. Advent	
19	Mo		51
20	Di		
21	Mi	Winteranfang	
22	Do		
23	Fr		●
24	Sa	Heiligabend	
25	So	**1. Weihnachtstag**	
26	Mo	**2. Weihnachtstag** | Stefanitag (AT)	
27	Di		52
28	Mi		
29	Do		
30	Fr		☽
31	Sa	Silvester	

„Feier schön!" - „Niemand schreibt mir vor, wie ich zu feiern habe!"

Januar 2023

01	So	**Neujahr**		
02	Mo	Berchtoldstag (CH)		01
03	Di			
04	Mi			
05	Do			
06	Fr	**Heilige Drei Könige (BW, BY, ST)**		
07	Sa		○	
08	So			
09	Mo			02
10	Di			
11	Mi			
12	Do			
13	Fr			
14	Sa			
15	So		☾	
16	Mo			03
17	Di			
18	Mi			
19	Do			
20	Fr			
21	Sa		●	
22	So			
23	Mo			04
24	Di			
25	Mi			
26	Do			
27	Fr			
28	Sa		☽	
29	So			
30	Mo			05
31	Di			

„Hast du die Schokolade gesehen?" - „Kurz."

Februar 2023

01	Mi			05
02	Do			
03	Fr			
04	Sa			
05	So		○	
06	Mo			06
07	Di			
08	Mi			
09	Do			
10	Fr			
11	Sa			
12	So			
13	Mo		☾	07
14	Di	Valentinstag		
15	Mi			
16	Do			
17	Fr			
18	Sa			
19	So			
20	Mo	Rosenmontag	●	08
21	Di	Fastnacht		
22	Mi	Aschermittwoch		
23	Do			
24	Fr			
25	Sa			
26	So			
27	Mo		☽	09
28	Di			

Ich: „Hey, hast du Lust dich morgen zu treffen?" - „Ja, gern!"
Ich später: „Boah, ich hoffe sie, sagt ab."

○ Vollmond ☾ abnehmender Mond
● Neumond ☽ zunehmender Mond

März 2023

01	Mi			09
02	Do			
03	Fr			
04	Sa			
05	So			
06	Mo			10
07	Di		○	
08	Mi	**Weltfrauentag (BE)**		
09	Do			
10	Fr			
11	Sa			
12	So			
13	Mo			11
14	Di			
15	Mi		☾	
16	Do			
17	Fr			
18	Sa			
19	So	St. Josef (AT)		
20	Mo	Frühlingsanfang		12
21	Di		●	
22	Mi			
23	Do			
24	Fr			
25	Sa			
26	So	Zeitumstellung (+1 Std.)		
27	Mo			13
28	Di			
29	Mi		☽	
30	Do			
31	Fr			

„Ich bin Batman!" - „Aber zum Mittag bist du wieder da!"

„Ideen können nur nützen, wenn sie in vielen Köpfen lebendig werden." - *Alexander von Humboldt*

April 2023

01	Sa			
02	So	Palmsonntag		
03	Mo			14
04	Di			
05	Mi			
06	Do	Gründonnerstag	○	
07	Fr	**Karfreitag**		
08	Sa			
09	So	**Ostersonntag**		
10	Mo	**Ostermontag**		
11	Di			15
12	Mi			
13	Do		☾	
14	Fr			
15	Sa			
16	So			
17	Mo			16
18	Di			
19	Mi			
20	Do		●	
21	Fr			
22	Sa			
23	So			
24	Mo			17
25	Di			
26	Mi			
27	Do		☽	
28	Fr			
29	Sa			
30	So			

Ich: *Erzähle einen schlechten Witz*
Stephan: „Phfff!" 🙄
Stefan: „Pfff!" 🙄

Mai 2023

01	Mo	**Tag der Arbeit** | Staatsfeiertag (AT)		
02	Di			18
03	Mi			
04	Do	St. Florian (AT)		
05	Fr		○	
06	Sa			
07	So			
08	Mo			19
09	Di			
10	Mi			
11	Do			
12	Fr		☾	
13	Sa			
14	So	Muttertag		
15	Mo			20
16	Di			
17	Mi			
18	Do	**Christi Himmelfahrt** | Vatertag		
19	Fr		●	
20	Sa			
21	So			
22	Mo			21
23	Di			
24	Mi			
25	Do			
26	Fr			
27	Sa		☽	
28	So	**Pfingstsonntag**		
29	Mo	**Pfingstmontag**		
30	Di			22
31	Mi			

„Warum schaust du so böse?" - „Ich flirte."

Juni 2023

01	Do			22
02	Fr			
03	Sa			
04	So		○	
05	Mo			23
06	Di			
07	Mi			
08	Do	**Fronleichnam (BW, BY, HE, NW, RP, SL)**		
09	Fr			
10	Sa		☾	
11	So			
12	Mo			24
13	Di			
14	Mi			
15	Do			
16	Fr			
17	Sa			
18	So		●	
19	Mo			25
20	Di			
21	Mi	Sommeranfang		
22	Do			
23	Fr			
24	Sa			
25	So			
26	Mo		☽	26
27	Di			
28	Mi			
29	Do			
30	Fr			

[Was tut es?] (•.•|[]

Juli 2023

Tag		Eintrag		KW
01	Sa			
02	So			
03	Mo		○	27
04	Di			
05	Mi			
06	Do			
07	Fr			
08	Sa			
09	So			
10	Mo		☾	28
11	Di			
12	Mi			
13	Do			
14	Fr			
15	Sa			
16	So			
17	Mo		●	29
18	Di			
19	Mi			
20	Do			
21	Fr			
22	Sa			
23	So			
24	Mo			30
25	Di			
26	Mi		☽	
27	Do			
28	Fr			
29	Sa			
30	So			
31	Mo			31

„Muss dir kurz was erzählen." Sprachnachricht: 6:57 ⏩

August 2023

Tag		Eintrag		KW
01	Di	Bundesfeiertag (CH)	○	31
02	Mi			
03	Do			
04	Fr			
05	Sa			
06	So			
07	Mo			32
08	Di	Friedensfest (Augsburg)	☾	
09	Mi			
10	Do			
11	Fr			
12	Sa			
13	So			
14	Mo			33
15	Di	**Mariä Himmelfahrt (BY teilw., SL)**		
16	Mi		●	
17	Do			
18	Fr			
19	Sa			
20	So			
21	Mo			34
22	Di			
23	Mi			
24	Do		☽	
25	Fr			
26	Sa			
27	So			
28	Mo			35
29	Di			
30	Mi			
31	Do		○	

Wow, es regnet auf mir, ich fühle mich wie Lady Gaga featuring Ariana Grande. 😍

September 2023

Tag		Eintrag		KW
01	Fr			35
02	Sa			
03	So			
04	Mo			36
05	Di			
06	Mi			
07	Do		☾	
08	Fr			
09	Sa			
10	So			
11	Mo			37
12	Di			
13	Mi			
14	Do			
15	Fr		●	
16	Sa			
17	So			
18	Mo			38
19	Di			
20	Mi	**Weltkindertag (TH)**		
21	Do			
22	Fr		☽	
23	Sa	Herbstanfang		
24	So	St. Rupert (AT)		
25	Mo			39
26	Di			
27	Mi			
28	Do			
29	Fr		○	
30	Sa			

Schildkröte: „Hülfeee!"
Ich: „Warte Süssi, i helf dir."
Schildkröte: „Danke, Bruder."

Ferien & Feiertage

„Ja, ihr findet mich da wo's windig ist,
wo die Wellen brechen, Sonnenbrille im Gesicht."
- Jan Delay (Wassermann)

Ferien Deutschland

	Sommer 2022	Herbst 2022	Weihnachten 2022/2023	Winter 2023	Ostern/ Frühjahr 2023	Himmelfahrt/ Pfingsten 2023	Sommer 2023
Baden-Württemberg (BW)	28.07. - 10.09.	31.10. - 04.11.	21.12. - 07.01.	-	06.04. + 11.04. - 15.04.	30.05. - 09.06.	27.07. - 09.09.
Bayern (BY)	01.08. - 12.09.	31.10. - 04.11.	24.12. - 07.01.	20.02. - 24.02.	03.04. - 15.04.	30.05. - 09.06.	31.07. - 11.09.
Berlin (BE)	07.07. - 19.08.	24.10. - 05.11.	22.12. - 02.01.	30.01. - 04.02.	03.04. - 14.04.	19.05. + 30.05.	13.07. - 25.08.
Brandenburg (BB)	07.07. - 20.08.	24.10. - 05.11.	22.12. - 03.01.	30.01. - 03.02.	03.04. - 14.04.	-	13.07. - 26.08.
Bremen (HB)	14.07. - 24.08.	17.10. - 29.10.	23.12. - 06.01.	30.01. - 31.01.	27.03. - 11.04.	19.05. + 30.05.	06.07. - 16.08.
Hamburg (HH)	07.07. - 17.08.	10.10. - 21.10.	23.12. - 06.01.	27.01.	06.03. - 17.03.	15.05. - 19.05.	13.07. - 23.08.
Hessen (HE)	25.07. - 02.09.	24.10. - 29.10.	22.12. - 07.01.	-	03.04. - 22.04.	-	24.07. - 01.09.
Mecklenburg-Vorpommern (MV)	04.07. - 13.08.	10.10. - 14.10. + 01.11. - 02.11.	22.12. - 02.01.	06.02. - 18.02.	03.04. - 12.04.	19.05. + 26.05. - 30.05.	17.07. - 26.08.
Niedersachsen (NI)	14.07. - 24.08.	17.10. - 28.10.	23.12. - 06.01.	30.01. - 31.01.	27.03. - 11.04.	19.05. + 30.05.	06.07. - 16.08.
Nordrhein-Westfalen (NW)	27.06. - 09.08.	04.10. - 15.10.	23.12. - 06.01.	-	03.04. - 15.04.	30.05.	22.06. - 04.08.
Rheinland-Pfalz (RP)	25.07. - 02.09.	17.10. - 31.10.	23.12. - 02.01.	-	03.04. - 06.04.	30.05. - 07.06.	24.07. - 01.09.
Saarland (SL)	25.07. - 02.09.	24.10. - 04.11.	22.12. - 04.01.	20.02. - 24.02.	03.04. - 12.04.	30.05. - 02.06.	24.07. - 01.09.
Sachsen (SN)	18.07. - 26.08.	17.10. - 29.10.	22.12. - 02.01.	13.02. - 24.02.	07.04. - 15.04.	19.05.	10.07. - 18.08.
Sachsen-Anhalt (ST)	14.07. - 24.08.	24.10. - 04.11.	21.12. - 05.01.	06.02. - 11.02.	03.04. - 08.04.	15.05. - 19.05.	06.07. - 16.08.
Schleswig-Holstein (SH)	04.07. - 13.08.	10.10. - 21.10.	23.12. - 07.01.	-	06.04. - 22.04.	19.05. - 20.05.	17.07. - 26.08.
Thüringen (TH)	18.07. - 27.08.	17.10. - 29.10.	22.12. - 03.01.	13.02. - 17.02.	03.04. - 15.04.	19.05.	10.07. - 19.08.

Stand: 02.2022 (kmk.org 01.2020); Angaben ohne Gewähr.

Ferien Österreich

Burgenland	02.07. - 04.09.	27.10. - 31.10.	24.12. - 07.01.	13.02. - 19.02.	01.04. - 10.04.	27.05. - 29.05.	01.07. - 03.09.
Kärnten, Salzburg, Tirol, Vorarlberg	09.07. - 11.09.	27.10. - 31.10.	24.12. - 07.01.	13.02. - 19.02.	01.04. - 10.04.	27.05. - 29.05.	08.07. - 10.09.
Niederösterreich	02.07. - 04.09.	27.10. - 31.10.	24.12. - 07.01.	06.02. - 12.02.	01.04. - 10.04.	27.05. - 29.05.	01.07. - 03.09.
Oberösterreich, Steiermark	09.07. - 11.09.	27.10. - 31.10.	24.12. - 07.01.	20.02. - 26.02.	01.04. - 10.04.	27.05. - 29.05.	08.07. - 10.09.
Wien	02.07. - 04.09.	27.10. - 31.10.	24.12. - 07.01.	04.02. - 12.02.	01.04. - 10.04.	27.05. - 29.05.	01.07. - 03.09.

Feiertage

		BW	BY	BE	BB	HB	HH	HE	MV	NI	NW	RP	SL	SN	ST	SH	TH	AT
Mariä Himmelfahrt	Mo 15.08.2022		✓*										✓					✓
Weltkindertag	Di 20.09.2022																✓	
Tag der Deutschen Einheit	Mo 03.10.2022	✓	✓	✓	✓	✓	✓	✓	✓	✓	✓	✓	✓	✓	✓	✓	✓	
Reformationstag	Mo 31.10.2022				✓	✓	✓		✓	✓				✓	✓	✓	✓	✓
Allerheiligen	Mo 01.11.2022	✓	✓								✓	✓	✓					✓
Buß- und Bettag	Di 16.11.2022													✓				
1. Weihnachtsfeiertag	So 25.12.2022	✓	✓	✓	✓	✓	✓	✓	✓	✓	✓	✓	✓	✓	✓	✓	✓	✓
2. Weihnachtsfeiertag	Mo 26.12.2022	✓	✓	✓	✓	✓	✓	✓	✓	✓	✓	✓	✓	✓	✓	✓	✓	✓
Neujahrstag	So 01.01.2023	✓	✓	✓	✓	✓	✓	✓	✓	✓	✓	✓	✓	✓	✓	✓	✓	✓
Heilige Drei Könige	Fr 06.01.2023	✓	✓												✓			✓
Weltfrauentag	Mi 08.03.2023			✓														
Karfreitag	Fr 07.04.2023	✓	✓	✓	✓	✓	✓	✓	✓	✓	✓	✓	✓	✓	✓	✓	✓	
Ostermontag	Mo 10.04.2023	✓	✓	✓	✓	✓	✓	✓	✓	✓	✓	✓	✓	✓	✓	✓	✓	✓
Tag der Arbeit	Mo 01.05.2023	✓	✓	✓	✓	✓	✓	✓	✓	✓	✓	✓	✓	✓	✓	✓	✓	✓
Christi Himmelfahrt	Do 18.05.2023	✓	✓	✓	✓	✓	✓	✓	✓	✓	✓	✓	✓	✓	✓	✓	✓	✓
Pfingstmontag	Mo 29.05.2023	✓	✓	✓	✓	✓	✓	✓	✓	✓	✓	✓	✓	✓	✓	✓	✓	✓
Fronleichnam	Do 08.06.2023	✓	✓					✓			✓	✓	✓	✓**			✓**	✓

* Mariä Himmelfahrt nur teilweise in Bayern; ** Fronleichnam nur teilweise in Sachsen und Thüringen. Stand: 01.2022 | Nachträgliche Änderungen einzelner Länder sind vorbehalten.

Stundenpläne

„Wenn du das Glück hast anders zu sein,
dann bleib, wie du bist!"
- Taylor Swift

Zeit	Montag	Dienstag	Mittwoch	Donnerstag	Freitag	Samstag

Wollt ihr hier mehr Baustellenwitze lesen? OK, wir arbeiten dran. | „Ich hab meinen Platz im Leben gefunden." - „Du liegst auf der Couch!" - „PLATZ IM LEBEN GEFUNDEN!" | Warum heißt es Chor und nicht Wirsing? | Warum heißt es bergsteigen und nicht steil gehen? | Wenn Großmüttern etwas verdächtig vorkommt, dann nennt man das ominös. | *sitzt in Handschellen im Polizeiauto* „Können wir vielleicht bisschen Mucke anmachen?" | Marx failed to consider die Mehrheit der Deutschen sind todeslost sein Urgroßvater.

Zeit	Montag	Dienstag	Mittwoch	Donnerstag	Freitag	Samstag

Wenn du das lesen kannst, hast du gute Augen.

Stundenplan

„Um herauszufinden, wo die Grenze ist,
muss man sie überschreiten."
- Dave Chappelle

Zeit	Montag	Raum	Dienstag	Raum	Mittwoch	Raum	Donnerstag	Raum	Freitag	Raum	Samstag	Raum

Warum heißt es Terminkalender und nicht Verpassungsschutz?

Stundenplan

„Brauchst du lange zum Einschlafen?" – „Ich zähle bis drei und schlafe ein." –
„Nur bis drei?" – „Manchmal halb vier."

Zeit	Montag	Raum	Dienstag	Raum	Mittwoch	Raum	Donnerstag	Raum	Freitag	Raum	Samstag

Warum krieg ich Kopfweh, sobald ich mehr als fünf Discostempel auf dem Arm hab?